불자의 행복 찾기

우룡스님 지음

효림

서 문

부처님은 중생의 행복을 위해 이 세상에 오셨습니다. 그리고 한평생 동안 중생들이 행복해지는 법을 설하셨습니다.

하면, 중생들은 왜 불교를 믿는가? 부처님과 같이 행복한 이가 되고 싶고, 부처님의 자비 속에서 행복해지고 싶기에 불교를 믿는 것입니다.

그러나 행복은 그냥 오지 않습니다. 복을 지어야 복을 받고 복을 쌓아야 안락하게 살 수 있습니다. 그러므로 우리는 부처님의 가르침을 따라 복을 쌓아야 합니다. 보리심을 발하고 행복바라밀을 추구하면서 복된 일을 해야 합니다.

그럼 부처님께서 일러주신 구체적인 실천은 무엇인가? 여러 가지 방법이 있겠지만, 압축을 하면 보시와 기도입니다.

　보시는 내가 베풀어 행복의 씨를 심는 것으로, 재물로 하는 보시, 몸과 말과 생각으로 하는 보시, 정법을 베푸는 보시, 축원 보시 등을 행하면 행복의 결실을 거두지 않을 수 없습니다. 나아가 아상을 비우는 무주상보시를 익히면 무한행복이 스스로 찾아들게 됩니다.

　기도는 행복을 내 쪽으로 다가오게 만드는 것입니다. 그러므로 꼭 행복을 가져다 주는 기도를 해야 하는데, 기도를 시작하면 흔들림이 사라지고 중심이 잡힙니다. 그리고 정성껏 기도하면 불행의 요인이 소멸되어 반드시 행복을 성취하게 됩니다. 특히 가정의 행복을 여는 기도를 매일매일 실천할 것과 가족을 향한 삼배만은 꼭 할 것을 권합니다.

　이 책은 이러한 내용을 주제로 삼아 월간 「법공양」에 2016년 1월호부터 8월호까지 8회에 걸쳐 연재하면서 자세하고도 구체적으로 풀이한 글들을 한 데 모은 것입니다.

　불자들이여, 부디 이 책을 읽어 행복을 이루는 원리를 익히고 방법을 익혀서, 꼭 무한행복을 증득하기를 깊이깊이 축원드립니다.

2560년 10월 말
경주 함월사에서
우룡 합장

차 례

제1장

복받기를 원하거든

제2장

보시로 이루는 큰 복

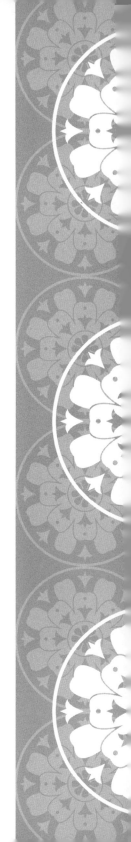

제3장

아상我相과 무주상보시

제4장

행복과 기도

제 1 장

복받기를 원하거든

기꺼이 받고 기꺼이 갚자

내 복은 나의 것

인간은 누구나 행복하게 살기를 원합니다. 건강하고 평화롭고 뜻과 같이 이루면서 살기를 원합니다. 넉넉하고 여유로운 생활 속에서 사랑하는 사람들과 함께 기쁨을 나누며 살기를 원합니다.

하지만 나의 인생은 나의 바람처럼 펼쳐지지 않습니다. 뜻하지 않는 장애가 늘 발생하고, 원하지 않은 일들을 경험하며 살아야 합니다.

그래서 내가 싫고 내 인생이 싫습니다. 나아가 '왜 나는 남들처럼 잘 살지 못하고 행복하게 살지 못하는지'를 되물을 때가 많습니다.

그러나 '내 복은 내 것' 일 뿐입니다. 남의 복과 비교하여 내 복이 생겨나는 것이 아니라, 내가 지어 내가 받고 있는 것이 나의 복입니다. 그러므로 금수저·은수저·흙수저를 따질 것이 아닙니다. 복 없음을 원망할 필요도 없고 남의 복과 비교할 필요도 없습니다.

그냥 내 복을 내가 닦고 내가 지으면 얼마든지 복을 받으며 살 수 있습니다. 내 마음가짐을 잘 다스리고 살면 지금의 불행을 극복하고 복된 사람이 될 수 있습니다. 과연 어떤 마음가짐으로 살아야 복된 사람으로 바뀔 수 있는가?

복된 사람이 되려면 무엇보다 먼저 지금 나에게 다가온 업을 잘 다스려야 하며, 업을 잘 다스리기 위해서는 '기꺼이 받고 기꺼이 갚고자 하는 마음가짐' 부터 갖추어야 합니다.

나를 지금의 모습으로 있게 한 것이 무엇입니까? 조물주입니까? 부모님입니까? 아니면 악마의 힘입니까?

아닙니다. 지금의 내 모습은, 나의 인생살이는 내가 지어놓은 업業의 힘에 의해 전개됩니다. 내가 지어놓은 과거의 업이 지금의 내 모습을 만들고 나의 삶을 만듭니다. 과거에 지어놓은 업이 지금의 나에게 찾아오는 것입니다.

심어 놓은 업이 괴로움의 종자였다면 괴로움의 열매가 되어 나를 찾아옵니다. 과거에 남의 마음을 상하게 하고 남의 재물을 함부로 하고 남의 육체를 괴롭혔다면, 나 또한 마음을 다치고 돈을 잃고 몸을 상하는 과보를 받게 되어 있습니다.

보시를 많이 하였으면 저절로 부富를 누리게 되고, 사랑의 종자를 심었으면 사랑의 열매가 홀연히 찾아오고, 인욕과 기쁨의 씨를 심었으면 마냥 즐겁고 평화롭게 살아가게 됩니다.

아울러 그 업은 한동안 나와 함께 합니다. 좋은 업이든 나쁜 업이든 그 업의 과보가 다할 때까지 나에게 머물러 있습니다. '나쁜 것이니 빨리 나가라'고 하여도 떠나가지 않습니다.

그렇다고 하여 그 업보가 언제까지나 나와 함께 하는 것은 아닙니다. 때가 되면 나가게끔 되어 있습니다. 열매를 안겨 줄 때까지만 머물렀다가 떠나갑니다. 올 것이 왔듯이, 갈 때가 된 것은 즉시 나가게끔 되어 있습니다.

나의 업을 따라 올 것이 왔다가 인연이 다하면 떠나
가는 것. 이것이 인생입니다. 이것이 중생계의 삶입니
다. 돈도 사랑도 명예도 권력도 출세도 모두가 그러합
니다.

어차피 받을 업이라면

그럼 우리는 어떻게 해야 하는가? 그냥 업이 오가고
휘두르는 대로 가만히 살아야 하는가? 아닙니다. 이때,
업이 들어오고 머물고 나갈 때 마음을 잘 쓰며 살아야
합니다. 마음을 잘 써서 나쁜 업들은 빨리 녹이고, 좋은
업들은 더욱 잘 가꾸어야 합니다.

지금 나에게 괴롭고 나쁜 업보가 닥쳤을지라도 당황
하지 말고 극복할 방법을 찾아야 합니다. 이때가 결코
늦은 때가 아닙니다. 바로 이때가 오히려 맺힌 업의 매
듭을 풀고 향상의 길로 나아갈 수 있는 절호의 기회입
니다.

그러므로 괴롭고 나쁜 일이 찾아들 때 실망하거나 포

기하지 마십시오. 생각을 바르게 하고 마음을 잘 써서 그 업보를 극복해야 합니다.

'기꺼이 받겠다'는 자세로 그 업을 맞이해 보십시오. 그 업이 생각 이상으로 빨리 녹고 빨리 풀리게 됩니다.

❀

옛날, 한순간에 집안이 몰락하여 거지가 된 청년이 있었습니다. 그는 거지 중에서도 박복하기 짝이 없는 거지가 되었습니다. 보통 거지는 구걸하러 다니면 하루의 끼니는 얻기 마련인데, 이 청년은 문전에서 몽둥이찜질을 당하거나 개에게 물리기 일쑤였습니다.

하는 수없이 그는 주린 배를 달래기 위해 남의 집 쓰레기 더미를 뒤져 먹을 것을 찾았지만, 쓰레기 더미에서도 상하지 않은 음식을 찾기란 쉽지가 않았습니다. 청년은 물로써 허기진 배를 채우며 살아야 했습니다.

그렇게 기막히고 비참하게 살아가던 어느 날, 자신의 불행에 염증을 느낀 그는 결심했습니다.

'나의 운명이 어찌 이다지도 기구한가? 가장 밑바

닥 인생인 거지로 전락하고서도 모자라, 밥 한술 제대로 얻어먹지 못하고 쓰레기 더미를 뒤져서 연명하고 있으니…. 차라리 이렇게 사느니 죽는 것이 낫다.'

그는 마을 뒷산으로 가서 밧줄로 올가미를 만들어 나뭇가지에 묶었습니다. 그리고 올가미 속으로 목을 집어넣었습니다. 순간, 허공에서 큰 호통소리가 들려왔습니다.

"이놈! 너는 쓰레기 열 포대를 먹을 업을 지었는데, 어찌 세 포대만 먹고 죽으려 하느냐?"

아직 일곱 포대의 쓰레기를 더 먹어야 하니 죽을 수도 없다는 것이었습니다. 환청과도 같은 허공의 소리에 거지는 깨달음을 얻었습니다.

"그래, 맞다. 어차피 열 포대의 쓰레기를 먹어야 할 운명이라면 빨리 찾아 먹자."

그날부터 거지 청년은 자신의 운명을 조금도 탓하지 않고 열심히 남의 집 쓰레기 더미를 뒤져 먹을 것을 찾았습니다. 그런데 기적이 일어났습니다. 나머지 일곱 포대 중 한 포대 분을 채 찾아 먹기도 전에,

거지는 우연히 만난 귀인의 도움을 받아 전처럼 잘살게 되었습니다.

'내가 받을 운명이라면 기꺼이 받겠다'는 적극적인 자세가, 쓰레기 한 포대도 찾아 먹기 전에 나머지 일곱 포대의 업을 녹여버린 것입니다.

8

아무리 현실이 어렵고 괴롭더라도 '기꺼이 받겠다'는 자세로 극복해 나아가면 나쁜 업이 빨리 소멸됩니다. 반대로 '나는 괴로운 것이 싫어. 받지 않을 거야' 하면서 도망을 치면 더 큰 업이 되어 몰아칩니다. 작은 파도를 피하려다가 큰 파도에 휩싸이는 꼴이 되어버립니다.

누구든 다가오는 업을 '기꺼이 받겠다'는 자세로 살아가면 그 업은 오래지 않아 사라지게 되고, 나쁜 업이 없어지면 자연히 복이 깃들며, 복이 깃들면 평화로워지지 않을 수 없게 됩니다.

지금 내가 받고 있는 업이 비록 마땅치 않을지라도, 빚을 갚는 자세로 녹이십시오.

'어차피 내가 갚을 빚이라면 기꺼이 갚자.'

빚을 갚는 자세로 현재의 업을 기꺼이 받아들이면, 앞으로의 업이 바뀌게 됩니다. 왜냐하면 '지금 이 자리'가 바로 과거의 업을 푸는 것과 동시에 새로운 업을 맺는 순간이기 때문입니다.

실로 빚을 갚는 자세로 현재의 업을 기꺼이 수용하면 그 업이 결코 힘들지만은 않게 됩니다. 그리고 기도 등을 통하여 성심껏 새로운 씨를 심게 되면, 행복과 평화가 차츰 자리를 잡게 됩니다.

나아가 가족·이웃·동료들과도 좋지 않은 관계에 있다면 빚을 갚는 자세로 임할 뿐, 자기합리화의 감정에 휩쓸리거나 자꾸만 질이 떨어지는 업을 만들지 마십시오.

자기 할 것 다하고 자기 쓸 것 다 쓰면서 빚을 갚지 않는 사람이 되지 마십시오. 눈앞의 이익, 눈 앞의 손해만 생각하여 모든 것을 감정과 자존심으로 해결하려 하면 악업만 더욱 커질 뿐입니다.

향상하느냐 타락하느냐, 발전하느냐 퇴보하느냐, 행복하게 사느냐 불행하게 사느냐는 오직 지금 이 자

리에서 내가 어떤 마음가짐으로 생활하느냐에 달려
있습니다.

   내 지은 업의 과보는 내 기꺼이 받고, 내가 진 빚은
내가 기꺼이 갚겠다는 것! 이것이 나의 운명을 바꾸
고 나를 복된 사람으로 바꾸어 놓는 첫걸음이라는 것
을 꼭 명심하시기 바랍니다.

복 지어야 복 받는다

복 쌓으면 후손까지 안락하다

다음으로 이야기하고 싶은 것은, 복을 자꾸 짓고 복을 자꾸 닦아야 복된 사람이 될 수 있다는 것입니다. 곧 복되게 살기 위해서는 행복의 씨를 심어야 하고 복을 가꾸며 살아야 합니다. 이러한 사실을 누가 모르겠습니까? 하지만 안다고 다 실천하는 것은 아닙니다.

조선 선조때 경상도 선산땅에 최현崔晛과 고응척高應陟이라는 갑부가 살고 있었습니다.

최현은 해가 질 무렵에 쌀 두 자루와 약간의 돈을 지니고 마을을 돌아다니다가, 배고파 우는 아이들 소리나 다투는 소리가 나는 집이 있으면, 쌀자루와 돈을 몰래 방문 앞에 놓아두었습니다.

또한, 흉년이 들거나 큰물이 나서 사람들이 굶주리게 되면 양식과 돈을 아낌없이 베풀었습니다.

반면, 고응척은 베풀 줄을 몰랐습니다. 본인은 아무리 딱한 사정의 사람일지라도 비싼 이자를 주지 않으면 절대로 돈을 빌려주지 않았고, 소작인들을 혹독하게 착취하여 돈을 모았습니다.

이 두 사람은 얼마 뒤 전쟁이 일어날 것이라는 소문을 듣게 되었습니다. 그날부터 고응척은 호의호식하였고, 최현은 더 베풀었을 뿐 아니라 가지고 있던 돈으로 '사달라'고 청하는 사람들의 전답을 모두 사들였습니다.

전쟁이 나면 생명도 부지한다는 보장이 없는 판에 전답을 무조건 사주는 최현의 행동이 너무나 이상하여, 고응척이 그 까닭을 물었습니다.

"나인들 전쟁이 일어나면 전답이 필요없다는 것을

왜 모르겠는가? 그렇지만 내가 전답을 사주지 않으면 그 사람들은 당장 써야 할 돈을 마련할 수 없지 않겠는가!"

얼마 후 임진왜란이 일어났고, 고응척의 후손은 전란으로 모든 것을 잃어 가난하고 박복하게 살다가, 몇 대가 지나지 않아 후손이 끊어지고 말았습니다. 반면 최현의 후손인 전주 최씨들은 대대로 부귀를 누리면서 지금까지 이어오고 있습니다.

§

이 한편의 실화가 깨우쳐주듯이, 덕을 쌓고 복을 지으면 당대만이 아니라 후손들까지 편안하고 안락하며, 돈에만 집착하여 베풀지 않고 복을 깎고 까먹으면 당대에는 비록 편안할지 몰라도 후손들까지 잘 살 수는 없게 된다는 것입니다.

물론 어떤 이는 반박을 할 것입니다.

"당대에서 복을 쌓지 않았으면 당대에서 과보를 받아 그 당대로 끝내야지, 후손들까지 망하고 고초를 받는 것은 인과의 법칙에 맞지 않는 것이 아닌가?"

아닙니다. 이것은 인과의 법칙에 조금도 어긋나지 않습니다. 그 당사자는 스스로가 세운 원력과 노력에 따라 금생에는 얼마든지 부자로 살 수가 있습니다. 그러나 내생에는 금생에 복을 짓지 않은 과보를 꼭 받게 됩니다.

또한, 서로 유전자가 비슷한 이들이나 비슷한 업을 지은 이들이 부모 자식의 관계로 맺어지는 경우가 많기 때문에, 아들딸이나 후손들이 선대의 인연을 공유하게 되는 것입니다.

정녕 우리는 사랑하는 아들딸과 후손을 생각해서라도 덕을 베풀고 복을 쌓아야 합니다. 경제적으로 넉넉하면 돈이나 물질로 베풀고, 재주가 있으면 재주로써 베풀고, 진리를 잘 알면 진리를 널리 베푸는 법시法施를 행하여 복을 쌓아야 합니다.

복이 많은 이는 이길 수 없다

지금 업보가 보이지 않고 나중 세상이 보이지 않는다고 하여 마구잡이로 살아서는 안 됩니다. 언제나

경건하고 조심하면서 복을 짓고 복을 쌓으며 살아야
합니다.

세상에는 복 많은 이를 이길 이가 없습니다. 『해용
왕경』에는 눈에 보이지 않는 복이 얼마나 큰 작용을
하는지를 일깨워주는 이야기가 있습니다.

기원전 2세기에 전 인도를 통일하고 불교를 크게
진흥한 아쇼카왕〔阿育王〕이 용왕과 싸우기 위해 군
사들을 이끌고 바닷가로 나갔습니다. 그러나 바닷속
에 있는 용왕이 바다에서 나오지 않았으므로 진을 치
고 무작정 기다릴 수밖에 없었습니다.

그때 지혜 있는 한 신하가 이 전쟁에서 이길 수 있
는 방법을 일러주었습니다.

"일단 왕궁으로 돌아가서서 순금 한 근씩으로 대왕
의 상과 용왕의 상을 만들어 저울대로 달아보십시오.
따로 달면 각각 한 근씩이 되겠지만, 저울대 양쪽에
올려놓으면 지금은 용왕 쪽이 무거울 것이옵니다. 대
왕께서는 그대로 두시고 복을 닦으셔야 합니다. 얼마

동안 복을 닦으시다가, 대왕 쪽이 무겁고 용왕 쪽이 가벼워질 때 군사를 일으키면, 용왕이 스스로 나와 항복을 할 것이옵니다."

아쇼카왕은 신하의 말대로 부지런히 자선사업을 행하며 복을 닦았고, 3년이 지나자 아쇼카왕의 상이 용왕의 상보다 더 무거워졌습니다. 그때 왕이 출병을 하였고, 전투 없이 용왕의 항복을 받았습니다.

ᢧ

이처럼 복의 힘은 크고, 복이 우리를 평화롭고 윤택하게 만듭니다. 정말 우리가 잘 살고 싶으면 우리도 마땅히 복을 지어야 합니다. 복을 지어 복력福力으로 살아야 합니다. 업력으로 고달프게 사는 것이 아니라, 복을 닦고 복력을 길러 평화롭게 살아야 합니다.

불보살님도 복을 짓는다

복 짓는 관세음보살

이 복은 중생만 닦고 짓는 것이 아닙니다. 대보살들도 닦고 짓고 쌓을 뿐 아니라 모든 것을 구족하신 부처님께서도 복을 닦고 쌓으십니다. 이와 관련된 경전 속의 이야기 두 편을 살펴봅시다.

❀

석가모니께서는 중생들에게 『법화경』 관세음보살 보문품을 설하시면서, 관세음보살의 중생 제도 방법과 한량없는 공덕에 대해 찬탄하셨습니다. 이에 깊이 감격한 무진의보살은 부처님께 간청했습니다.

"세존이시여, 제가 관세음보살께 공양을 올릴 수 있게 하여 주시옵소서."

"선남자여, 그대가 공양하고 싶은 것을 공양하도록 하여라."

그러자 무진의보살은 자신의 몸에서 가치를 헤아릴 수 없을 만큼 아름답고 귀중한 보석 목걸이를 떼어 관세음보살께 공양을 올리며 말했습니다.

"보살이시여, 이 법시法施의 진귀한 보배 목걸이를 받아주옵소서."

그러나 관세음보살은 한사코 받으려고 하지 않았습니다. 그러자 무진의보살이 거듭 청했습니다.

"보살이시여, 저희를 불쌍히 여기시어 이 목걸이를 받으소서."

그때 부처님께서 관세음보살에게 이르셨습니다.

"마땅히 무진의보살과 천·용·야차·건달바·아수라 등을 불쌍히 여겨 목걸이를 받을지니라."

그 즉시 관세음보살은 사부대중과 천·용 등을 불쌍히 여겨 목걸이를 받은 다음에 둘로 나누어, 한 몫은 석가모니불께 바치고 한 몫은 다보여래를 모신 다

보탑에 바쳤습니다.

δ

사바세계에 갖가지 몸을 나투어 중생의 급한 환란과 두려움을 없애주시는 관세음보살님께 깊이 감격한 무진의보살은 엄청난 가치를 지닌 보배 목걸이를 풀어 보시를 하고자 합니다. 그러나 관세음보살께서 받지 않으려 하자 '불쌍히 여겨' 라는 표현을 쓰면서 거듭 간청합니다. 곧 관세음보살의 자비심에 호소한 것입니다.

이에 관세음보살께서는 사부대중과 뭇 중생들을 불쌍히 여겨 목걸이를 받았고, 목걸이를 받아든 찰나에 그 보배들을 둘로 나누어 한 몫은 석가모니불께, 다른 한 몫은 다보여래의 탑에 바쳤습니다.

여기서 우리는 매우 소중한 가르침을 마음에 담을 수 있어야 합니다. 그것은 '복 짓는 관세음보살님' 입니다.

우리의 상식적으로는 관세음보살님이 '복이 너무 많아 그 복을 중생에게 베풀기만 하는 분' 이라고 생각하기 쉽습니다. 그런데 법화경 속의 관세음보살님은 값진 보배를 보시받았고, 받은 보배를 즉석에서 석가모니불과 다보여래께 보시하였습니다.

물질에 집착하지 않았기 때문에 보시를 한 것이 아니라, 부처님께 보시하여 당신의 복을 닦음과 아울러 사부대중 등의 중생들에게 큰 복을 안겨주기 위해 보시를 한 것입니다.

관세음보살님만이 아닙니다. 문수보살·보현보살·지장보살 등 부처님의 경지 가까이에까지 오른 대보살님들도 복을 닦습니다. 그만한 위치에 오른 분이라면 보시를 할 필요가 없고 복을 닦을 필요가 없을 것 같지만, 그분들도 스스로의 복을 지어 향상을 합니다. 그리고 복을 닦은 공덕으로 중생들의 복도 함께 닦아주는 이타행利他行을 합니다.

복의 힘이 으뜸이다

복 닦는 일. 이 일은 부처님도 합니다. 열반의 경지를 이루신 부처님도 끊임없이 복을 짓습니다.

부처님의 십대제자 가운데 한 분인 아나율阿那律존자는 잠이 유난히 많았습니다. 어느 날 부처님께서 설법을 하고 계실 때 아나율존자가 꾸벅꾸벅 졸았는데, 부처님께서는 설법을 마친 다음 그를 불러 물었습니다.

"어찌하여 설법 중에 졸고 있느냐?"

아나율존자는 곧 허물을 뉘우쳤고, 그날부터 뜬 눈으로 정진을 계속했습니다. 그러다가 몹시 쓰리고 아픈 눈병이 생겨났습니다. 부처님께서는 적당히 자면서 정진할 것을 권하였지만, 끝까지 고집을 부리다가 실명을 하고 말았습니다.

다행히 아나율존자는 천안天眼을 얻게 되었지만, 일상생활에서는 불편한 점이 많았습니다. 특히 바늘귀에 실을 꿰는 것은 매우 힘이 들었습니다. 그때마다 존자는 사람이 지나가는 소리가 날 때를 기다려 부탁했습니다.

"나를 도와 복을 지으십시오. 바늘귀에 실을 꿰어 주십시오."

그날도 아나율존자는 해진 옷을 깁기 위해 바늘귀에 실을 꿰려 하였으나 잘 안 되자 혼잣말로 중얼거렸습니다.

"누구든 복을 지으려는 사람이 실을 좀 꿰어주었으면 좋으련만."

그러자 누군가가 존자의 손에서 바늘과 실을 받아해진 옷을 기워주는 것이었습니다. 그분은 부처님이었고, 뒤늦게 사실을 안 아나율은 깜짝 놀라며 여쭈었습니다.

"아, 부처님께서 저의 옷을 기워주시다니! 그런데 부처님. 부처님께서는 이 세상에서 가장 복이 많은 분이신데, 다시 더 쌓아야 할 복이 있으신지요?"

부처님께서는 인자하게 말씀하셨습니다.

"아나율아, 이 세상의 복 있는 사람 중에서 나보다더한 사람은 없다. 그러나 나는 보시·지계·인욕·설법·중생제도·바른 도를 구하는 이 여섯 가지의 법으로 복을 짓는 것에는 만족을 모르느니라."

"부처님께서는 법 그 자체이신데, 다시 무슨 법을더 구하려 하십니까? 부처님께서는 생사의 바다를 건너 이미 해탈하셨는데, 복을 더 구해야 할 까닭이 있습니까?"

"아나율아, 만약 중생들이 몸과 입과 뜻으로 행하고 말하고 생각하는 이 세 가지를 업을 바르게 하면, 결코 삼악도에 떨어지지 않느니라. 그러나 중생들은 행동과 말과 생각을 바르게 하지 않아 나쁜 길에 떨어지게 되나니, 나는 그들을 위해 복을 짓느니라."

"아나율아, 이 세상의 힘 중에서 복의 힘〔福力〕이 으뜸이며, 그 복의 힘으로 대도大道를 이루느니라. 그러므로 그대를 비롯한 수행자들은 이 여섯 가지 법을 행하여 복을 지어야 한다."

૪

이 이야기를 통하여 우리는 최상의 복을 남김없이 갖추신 부처님께서도 복을 짓는 데 힘을 기울이심을 분명히 알 수 있습니다. 그리고 보시 · 지계 · 인욕 · 설법 · 중생제도 · 정법 구하기가 복짓는 기본행임을 깨우쳐주고 계십니다.

부처님과 대보살들. 그분들은 나 자신을 위해 복을

짓는 세속적인 수준과는 전혀 다른 복을 짓습니다. 일체중생을 바른 길로 인도하고자, 나쁜 길에서 구제하여 해탈시키고자 복을 짓습니다. 복이 한없이 많으시지만, 제도해야 할 중생이 한없이 많기에 복을 닦고 또 닦으신다는 것입니다.

우리도 복 닦는 일을 게을리하지 말아야 합니다. 부처님께서 분명히 천명하셨듯이, 세상의 힘 중에서 복의 힘이 으뜸이요, 복 있는 자는 누구도 당해내지 못합니다.

더욱이 부처님께서는 복의 힘이 있어야 대도를 이룰 수 있다고 하셨습니다. 뒤집어 말하면 복력福力이 차지 않으면 대도를 이룰 수 없다는 것입니다.

그런데도 복 닦는 일은 도 닦는 일이 아니라고 주장하는 이들이 있습니다. 도와 복을 따로 보고 있는 것입니다. 그러나 부처님께서 명쾌히 밝혀주셨듯이 '복력은 곧 도력道力'입니다.

복이 있어야 도를 이룰 수 있습니다. 복이 쌓이면 쌓일수록 빨리 도를 이룰 수 있습니다.

부처님의 가르침과 원리가 이러하거늘, 어찌 도와

복을 따로 놓고 볼 것이며, 어찌 박복 중생인 우리가 복을 닦지 않을 것입니까?

결코, 복 닦기를 게을리해서는 안 됩니다. 복을 짓고 쌓아 스스로를 무량공덕장無量功德藏으로 만들어야 합니다. 그래야만 우리의 도가 빨리 성취되고, 그래야만 그 복력으로 주위의 사람들을 밝히고 널리 구할 수 있다는 것을 꼭 기억하시기 바랍니다.

보리심과 바라밀

발보리심發菩提心 **하라**

그럼 도를 닦는 우리 불자들은 어떻게 하여야 도력이 되는 참된 복력을 기를 수 있는가?

그 방법은 나를 되돌아보면서 발보리심發菩提心을 하고 바라밀波羅蜜을 실천하는 것입니다. 먼저 보리심 이야기부터 하겠습니다.

보리심의 보리는 아뇩다라삼먁삼보리阿耨多羅三藐三菩提의 줄인 말입니다. 이 범어를 풀이하면 부처님께서 증득하신 '가장 높고 바르고 완벽한 깨달음인 무상정등정각無上正等正覺'이며, 이것이 불교의 목표입니다.

불교에서는 이 목표를 성취하기 위해 불자들에게 '발아뇩다라삼먁삼보리심하라' 고 가르칩니다. 불자라면 마땅히 '가장 높고 바르고 완전한 깨달음을 이루어 부처가 되겠다' 는 마음인 무상정등정각심을 발하여야 한다는 것입니다.

그러나 사람들은 가장 완전한 부처님의 깨달음인 아뇩다라삼먁삼보리를 너무나도 아득한 경지로 받아들이고 있기 때문에 접근조차 하려 들지 않으며, 아예 나와 무관한 것으로 생각합니다.

그렇다면 조금 낮추어 생각해 봅시다. 부처님의 깨달음이 아니라 우리의 일상생활 속에서 깨달아야 할 것들, 내 마음으로 느끼고 깨달아야 할 보리심菩提心, 곧 행복을 이루는 마음에 대해 이야기해 봅시다.

생활 속에서 가족이나 친구, 함께 일하는 동료나 마주치는 사람들과 대화를 나누거나 행동을 한 다음, '아, 그렇게 하는 것이 아니었다', '내가 잘못했구나' 하면서 반성하는 마음이 보리심이요, 하루하루 살아가면서 바른 마음·밝은 마음·감사하는 마음 등을 일으키는 것이 행복을 이루는 발보리심發菩提心

입니다.

보리심은 결코 우리와 무관한 것이 아닙니다. 일상생활을 하면서 하루에도 수차례씩 되돌아보는 생각들. '아, 내가 잘못했구나', '바로 이것이야', '참 감사하다' 고 느끼는 이것이 깨달음의 마음이요 발보리심입니다.

문제는 보리심을 일으킨 다음 순간입니다. 보리심을 일으켜놓고도 과거의 습관이나 환경에 휘말려서 다시 허물을 짓는 것이 문제입니다.

물론 느끼고 깨달았다 할지라도 이미 익혀진 버릇을 바꾸기는 쉽지가 않습니다. 그릇됨들이 또다시 솟아나기 때문입니다. 과연 이때 어떻게 해야 하는가?

습관화된 그릇됨들이 치솟을 때 그 마음을 바라보면서, '어떻게 이 마음을 다스릴까'를 늘 생각해야 합니다. 그리고 '아, 그래' 라고 하면서 깨달은 보리심을 잘 유지하고자 노력해야 합니다. 이렇게 한다면 우리는 반드시 향상을 할 수 있고, 보리심이 열어주는 멋진 세상에서 행복을 누리며 살 수 있게 됩니다.

발보리심은 결코 특별한 이만이 발하는 마음이 아

닙니다. 되돌아볼 줄 아는 이는 누구나 발할 수 있는
마음입니다. 그리고 크게 깨달을 때 한 번만 발하는
마음이 아닙니다.

『자비도량참법』에서는, 끊임없는 발보리심을 강조
하고 있습니다.

"보리심은 한 번 발하는 것으로 그쳐서는 아니
된다. 자주자주 발하고 자꾸자꾸 발하여야 한다."

우리 불자들은 스스로를 되돌아보면서 이 깨달음
의 마음, 행복을 이루는 마음을 자주자주 발하여야
합니다. 보리심을 자꾸자꾸 발하면서 자신을 채찍질
하여, 습관의 구덩이, 이기적인 구덩이 속으로 빠져
들어가는 마음을 이겨내어야 합니다. 이겨내어야만
바르고 착하고 맑고 밝은 보리심을 잘 유지할 수 있
습니다.

그릇된 환경, 나쁜 습관 때문에 처음에는 잘 안될
지라도, 거듭거듭 반성하고 스스로를 일깨우면서 조
금씩 조금씩 향상의 길로 나아가다 보면, 하루 이틀

한 달 두 달이 아니라 몇십 년 몇백 년까지도 그 보리심을 유지하고, 거기에 또다시 바르고 착하고 맑고 밝은 마음을 덧붙이고 덧붙이는 불자가 될 수 있습니다.

과연 이렇게 보리심을 유지하면서 수행하고 향상하는 불자가 마침내 도달하는 자리가 어디이겠습니까? 작게는 행복한 삶이요, 크게는 아뇩다라삼먁삼보리, 곧 무상정등정각의 부처님 자리이며, 그 자리에 이르는 실천이 바로 바라밀입니다.

행복바라밀

바라밀波羅蜜을 말 그대로 해석하면 도피안到彼岸, 곧 '피안의 세계로 간다', '성인의 세계로 간다'는 뜻입니다. 하지만 현재의 자리를 떠나 완전히 다른 곳에 있는 피안이나 성인의 세계로 간다는 의미로만 받아들여서는 안 됩니다.

피안의 세계로 간다는 뜻은 '향상한다·발전한다·성취한다'는 것입니다. 일상생활 속에서 매일매일 성취하는 것이 바라밀입니다.

예를 들어, '내 아들과 딸을 바르고 훌륭하게 키우겠다' 는 원을 세웠다고 합시다. 이렇게 원을 세운 것은 발보리심이고, 이를 실천하고 있다면 바라밀행을 닦고 있는 것이며, 아들과 딸이 원을 세운대로 잘 자랐다면 행복 바라밀을 성취한 것입니다.

결코 이쪽 언덕의 중생이 저쪽 언덕으로 가서 성인이 되는 것만을 바라밀이라고 하지는 않습니다. 생활 속에서 하나의 목표를 세워 꾸준히 실천하고 그 목표를 달성하는 것도 바라밀입니다.

그야말로 스스로를 되돌아보면서 깨달아가고 보리심으로 살아가면 바라밀은 저절로 이루어집니다. 생활 속에서 마음을 잘 쓰고 보리심을 자꾸자꾸 일으키면 바라밀의 기초가 제대로 자리를 잡게 되고, 마침내는 행복 바라밀을 성취할 수 있습니다.

그런데 이 행복 바라밀을 성취하는 사람은 그다지 많지가 않습니다. 왜일까요? 원을 세우고 향상·발전의 길로 잘 나아가다가 스스로를 흔들어버리기 때문입니다. 기도와 관련된 예를 들겠습니다.

여러 해 동안 관세음보살 염불을 해온 보살에게 한 스님이 말합니다.

"관세음보살 염불수행은 진짜 불교공부가 아닙니다. 진짜 공부는 참선이니, 큰스님께 가서 화두를 받으십시오."

이 권유 한마디에 열심히 하던 염불을 놓아버리고 참선으로 돌아서는 이들이 있습니다. 그러나 이와 같은 권유가 바라밀 성취를 막는 마구니의 유혹임을 잊어서는 안 됩니다 그 말을 따라가면 염불도 참선도 다 제대로 못 하게 됩니다.

이러한 일은 스님들 가운데에도 자주 일어납니다. 열심히 경전공부를 하는 학승을 찾아가서, "경전을 보는 것은 껍데기를 훑는 거다. 그만 멈추고 너의 근기에 맞는 염불정진을 해라."고 합니다.

바로 이것이 마구니의 유혹입니다. '내가 이 경을 다 마치겠다' 는 보리심을 발하였으면, 그 경을 끝까지 공부하는 것이 성불의 길이요 행복의 길이며, 행복 가득한 피안의 언덕으로 건너가는 바라밀입니다.

생활에서도 마찬가지입니다. '부모님께 잘못을 저

질렀구나. 앞으로 어떠한 시련이 올지라도 부모님을 위해 이렇게 하겠다'는 보리심을 발하였으면 끝까지 그 마음으로 가야 행복 바라밀이 성취됩니다. 부모님과의 맺힘이 모두 사라져 마음이 지극히 평화로워질 때 저 행복의 언덕에 이르게 되는 것입니다.

법당의 부처님 앞에서 아들과 딸을 위해 기도한 부모가 집에 돌아왔을 때, 공부하지 않고 딴짓을 하는 자식을 향해 불만을 퍼붓고 신경질을 낸다면 바라밀이 끊어진 것입니다. 그러므로 아들과 딸들이 비록 탈선을 할지라도, 계속 같은 마음으로 기도해주어서 목표로 삼은 자리에 올려세워야 행복 바라밀을 성취하게 됩니다.

돈을 벌 때도 마찬가지입니다. 얼마만큼 벌겠다고 목표를 세웠으면 어떤 고통이 오고 시련이 닥칠지라도 목표한 금액만큼 버는 것이 바라밀입니다.

그리고 수행 중에도 생활 속에도 바라밀 성취를 방해하는 마구니는 수시로 등장하기 마련입니다. 만약 그때 흔들리면 행복 바라밀은 하나도 성취하지 못합니다.

자꾸자꾸 보리심을 발하고 원을 새기면서 행복 바라밀을 하나씩 하나씩 쌓아가십시오. 복덕이 쌓이고 힘이 쌓이면 마침내는 아뇩다라삼먁삼보리의 자리에까지 이를 수 있습니다.

부디 우리의 소원인 보리심을 잘 발하여, 행복 바라밀을 향해 한 발 한 발 나아가십시오. 조급해하지 말고 유혹을 좇지 말고, 자꾸 보리심을 발하면서 흔들림 없이 나아가십시오. 반드시 향상하고 발전하게 되고, 마침내 성취와 해탈과 행복의 저 언덕에 이를 수 있게 될 것입니다.

나무마하반야바라밀.

제 2 장

보시로 이루는 큰 복

보시는 행복의 지름길

보시의 복 지으면 안락 얻는다

인간은 누구나 복을 좋아하고 복받기를 좋아합니다. 그러나 복은 누구나 다 받을 수 있는 것이 아닙니다. 대우주법계가 우리에게 그냥 복을 주지 않기 때문입니다.

그럼 어떻게 하여야 복을 받을 수 있는가? 복을 짓고 복을 닦아야 합니다. 복을 지어야 복을 받고, 공덕을 닦아야 공덕을 누릴 수 있습니다. 이것이 대우주법계의 이치요 삶의 법칙입니다.

특히 보시를 잘 하여야 부유하게 사는 복을 누릴 수 있습니다.

그런데 주위를 둘러보면 보시의 복을 제대로 닦지 않아 가난하게 생활하는 분들이 예상 밖으로 많습니다. 그리고 그분들 중에는 가난하기 때문에 보시할 생각조차 하지 못하여 더욱 불행한 삶 속으로 빠져들어가는 이들이 많습니다. 이와 관련된 한 편의 이야기를 음미해봅시다.

❀

부처님의 십대 제자 중의 한 분인 가섭존자는 어느 날 사위성으로 탁발을 하러 나갔다가, 우연히 외롭고 가난한 무의탁 노파를 보게 되었습니다. 노파는 한평생 밥을 먹은 것보다 굶은 숫자가 더 많았고, 먹더라도 제대로 된 음식을 먹지 못했습니다.

가섭존자가 지혜의 눈으로 관하였더니 노파는 7일 뒤에 죽을 운명이었습니다.

'저 노파는 전생에 한 번도 제대로 된 복을 짓지 못하여 평생을 비참하게 살아왔다. 만약 현재의 상태로 죽으면 박복한 과거 때문에 다음 생에는 더 힘든 삶을 살게 되리라. 복을 짓도록 해주자.'

이렇게 뜻을 정리하고 노파에게 청했습니다.

"시주를 받으러 왔습니다. 어떤 것이라도 좋으니 할머니의 물건을 직접 보시하십시오."

그러나 노파의 집은 바람조차 막을 수 없을 만큼 허름하였고, 옷이라고는 입고 있는 것이 전부였으며, 먹을거리라고는 이웃집에서 불쌍하다며 갖다 준 쌀 뜨물뿐이었습니다. 하지만 그 쌀뜨물도 인도의 무더운 날씨 때문에 쉬어버렸습니다. 그러나 가섭존자는 노파에게 청했습니다.

"그 쌀뜨물이라도 좋으니 할머니 손으로 직접 보시하십시오."

노파는 쌀뜨물을 존자의 바루에 부었습니다.

"내가 이 물을 어떻게 할 것 같습니까?"

"이미 쉬어 쓸모없는 물이니 버릴테지요."

"그렇지 않습니다. 나는 시주께서 정성으로 보시한 이 쌀뜨물을 고맙게 받아 달게 마실 것입니다."

존자는 쉰 쌀뜨물을 벌컥벌컥 들이켰습니다.

"이 공덕으로 할머니의 원하는 바가 이루어질 터이니, 소원을 말해보십시오."

"스님, 저는 이생에서 너무 못살았습니다. 다음 생에는 복을 많이 받았으면 좋겠습니다."

"틀림없이 원대로 될 것입니다."

7일 후 노파는 숨을 거두었고, 가섭존자에게 쌀뜨물을 보시한 복으로 도리천에 태어났습니다. 노파는 몸에서 환한 빛이 나는 천인天人의 모습으로 한밤중에 가섭존자 앞에 나타났습니다.

"스님, 감사합니다. 아라한이신 스님께서 복을 닦게 해주신 덕분에 저는 천상에 태어나는 복을 받았습니다. 스님의 깊은 자비에 감사드리면서 예배를 올립니다."

노파는 정성을 다해 절을 한 다음 사라졌습니다.

⚮

박복한 이에게 복을 쌓게 한 이 아름다운 이야기는 우리에게 깨우침을 주고 있습니다.

'한 그릇의 쌀뜨물이라도 제대로 된 마음으로 보시하면 복이 된다. 좋은 원을 세우고 원을 담아 보시하면 큰 복도 담을 수 있다'는 것을.

결코 잊지 마십시오. 복 지을 마음을 내지 않기 때문에 복을 짓지 못하고, 복을 짓지 않기 때문에 복을 받지 못할 뿐, 우리가 살고 있는 삶의 터전은 그대로가 복밭이요, 매 순간 복을 지을 기회가 주어지고 있습니다.

밥 먹고 옷 입고 생활하는 일상 속에서 절약하고 축원하고 보시하는 정신을 길러간다면 어찌 복이 쌓이지 않겠습니까? 결코 사소한 일일지라도 복을 짓는 데 소홀하지 말아야 합니다.

무재칠시無財七施의 복을 지어라

거창한 복이 아니라도 좋습니다. 돈 없이도 지을 수 있는 복은 얼마든지 있습니다. 잘 베풀면 됩니다. 상대를 위해 잘 베풀면 능히 복을 쌓을 수 있습니다. 그래서 부처님께서는 재물없이도 복을 지을 수 있는 일곱가지 보시인 **무재칠시**無財七施를 일러주었습니다.

① 무재칠시의 첫 번째는 몸으로 베푸는 **사신시**捨身施입니다. 요즈음은 이를 자원봉사라고 하는데, 몸이 불편한 사람을 목욕시켜주고 거동을 도와주거나, 무료점심공양에 참여하여 음식을 만들어주거나, 병원의 환자를 돌보는 등, 나의 육체를 이용하여 보람되고 복 닦는 일들을 얼마든지 할 수 있습니다.

② 무재칠시의 두 번째는 마음으로 축원해주는 **심려시**心慮施입니다. 다른 사람의 괴로움을 염려하고 배려하면서 그들의 행복을 온 마음을 다해 축원하는 것입니다.

가톨릭의 한 수도원에서는 새해 첫날에 수녀들이 모여, 각기 열악한 환경 속에 있는 양로원·고아원·교도소·병원들 중에서 한 곳을 택한 다음, 그곳 사람들을 위해 1년 내내 축원의 기도를 하면서 지낸다고 합니다.

이렇게 자신과는 특별한 연고가 없는 불쌍한 이들을 진심으로 축원해주고 행복을 염원해주는 것이야말로 참으로 소중한 복 쌓기라 하지 않을 수 없습니다.

우리 불자들도 다른 이의 행복을 위해 축원하기를 널리 실천해야 합니다. 가령 어느 절에서 기도한다면 나의 소원성취를 위한 기도에만 몰두하지 말고, '여기 모인 대중 모두가 불보살님의 가피를 입어 소원을 성취하여지이다' 라는 등의 축원을 해줄 수 있어야 합니다.

또한, 병원을 가게 되면 환자들의 쾌유를 축원하고, 교도소를 찾게 되면 그곳 사람들의 자유와 행복을 축원해주어야 하며, 양로원을 찾아갔으면 노인분들의 편안한 노후를 축원해 주어야 합니다.

이렇게 인연이 닿는 곳에 있는 이들에게 가피가 임하도록 축원하는 마음, 곧 심려시를 베풀면, 나의 행복과 성취에 훨씬 더 빨리 다가서게 됩니다. 왜? 이것이 대우주법계의 원리이기 때문입니다.

③ 무재칠시의 세 번째는 밝은 표정으로 대하는 **화안시**和顏施입니다. 웃는 낮에 침 못 뱉고, 웃으면 복이 온다는 것을 누가 모릅니까? 그런데도 짜증 가득

한 표정, 괴로운 표정, 화난 표정, 지루한 표정, 무서운 표정 등등으로 상대방의 마음을 상하게 하고 불편하게 만듭니다.

반대로 맑고 밝고 다정다감하고 환한 표정을 지으면, 상대를 편안하고 평화롭고 해맑고 행복하게 만들고, 가까이 다가오게끔 합니다. 바로 부드럽고 환한 얼굴 그 자체가 복 짓는 얼굴입니다. 어찌 이 복 부르는 얼굴을 마다할 것입니까?

④ 네 번째는 사랑 담긴 말을 하는 **애어시**愛語施입니다. 사랑의 말이란 상대를 살리고 살아나게 하는 말입니다. 상대를 칭찬하고 존중해 주는 말, 상대의 좋은 점을 자꾸 일깨워주고 기를 살려 주는 말, 서로를 화해롭게 살게 하고 진실을 나누는 말이 바로 애어입니다.

'천 냥 빚도 말 한마디로 갚는다'고 하는데, 유익하고 다정하고 희망이 깃든 말로써 위로하고 격려하고 기쁨을 준다면, 행복이 넘쳐나지 않을 수 없게 되는 것입니다.

정녕 남도 나도 평화롭고 행복하게 살고자 한다면 상대를 살리는 말을 하며 살아야 합니다. 상대의 실수를 감싸주고 장점을 북돋우는 말을 해야 합니다. 꾸중하고 화를 낼만 한 일이 있을 때 부드러운 미소를 지으며 감싸주는 말 한마디를 건넨다면, 상대방은 잘못을 스스로 깨달을 뿐 아니라 먼 훗날까지 고마운 마음을 잊지 않게 됩니다.

서로를 살리는 사랑의 말 베풀기. 이것이 부처님의 가르침의 생활화요, 행복으로 나아가는 지름길입니다.

⑤ 무재칠시의 다섯 번째는 자애로운 눈길을 보내는 **자안시**慈眼施입니다. 이 자안시는 눈웃음을 지으며 대하라는 것이 아닙니다. 내가 상대방에게 당장 무엇인가를 안겨주면서 일일이 간섭을 하고 잘잘못을 따지는 것이 아니라, 늘 부드러운 마음과 자비심 가득한 눈길로 지켜보고 기다려주는 것입니다. 깊은 사랑의 마음으로 지켜보고 기다려주는 자안시야말로 상대를 스스로 깨어나게 하고 향상하게 하는, 진정한

복 짓는 일입니다.

⑥ 무재칠시의 여섯 번째는 앉는 자리를 양보하는 **상좌시**上座施입니다. 내가 앉아 있던 편한 자리를 내어주는 쉬운 예로는, 버스나 전철에서 노인·임산부·아이들에게 자리를 양보하는 것입니다. 그리고 한 걸음 더 나아가면, 노약자나 병자나 여행자에게 잠시 쉴 자리를 마련해 주는 것 등도 훌륭한 상좌시입니다.

⑦ 무재칠시의 마지막인 **방사시**房舍施는 잠자리를 제공하는 것으로, 교통이나 숙소가 발달하지 않았던 옛날에는 집안의 빈방이나 헛간 등을 나그네에게 내어주어 하룻밤을 편안하게 지내도록 하는 것이 큰 베풂이었습니다.

이상의 무재칠시처럼 세상에는 돈 없이도 지을 수 있는 복이 많습니다. 그러므로 우리는 일상의 작은 것에서부터 복 짓기를 시작해야 합니다. 돈이 있으면 재물보시를, 법을 알면 법보시를 하고, 돈도 없고 법도 모를 경우라면 무재칠시를 비롯하여 상대를 편안하게 만들어주는 무외시無畏施를 행하면 복이 자꾸자꾸 쌓이게 됩니다.

또한, 가족이나 이웃 간에 서로의 고마움을 고맙게 생각할 줄 알고, 수고를 끼친 데 대해 미안해할 줄 알고, 지금 받고 있는 이 복을 감사하게 여길 줄 알면 복이 사라지지 않습니다.

그리고 어른들이 일상 속에서 복 짓는 생활을 하면 아이들도 자연스럽게 그 생활을 이어받아 복이 있는 사람으로 성장하게 됩니다.

행복과 법보시

정법을 베푸는 법보시

이제 법을 베풀어 큰 복을 심는 법보시에 대해 살펴봅시다.

법보시法布施는 법法, 곧 진리를 베푸는 일입니다. 진리인 부처님의 가르침을 베풀어 사람들의 정신세계를 올바로 열어주고, 행복하고 평화롭고 자유롭게 살수 있게끔 깨우쳐주는 것이 법보시입니다.

이 세상에 법은 많습니다. 국법·형법·상법·군법·예법·검법·필법 등을 비롯하여, 좋은 법과 나쁜 법, 정법·사법·마법·대법·묘법·편법·합법 등등 무수한 법이 있습니다.

그런데 어떠한 법이라야 우리를 행복하고 평화롭고 자유로운 쪽으로 나아가게 할 수 있을까요?

바로 정법正法입니다. 바른 법으로 살면 나날이 향상하여 행복과 깨달음을 이루게 되지만, 그릇되거나 삿된 법을 따르면 타락과 불행과 억압 속으로 빠져들 수밖에 없습니다.

그러므로 우리는 정법으로 살아야 합니다. 그리고 이 향상과 행복과 해탈의 법인 정법을 일러주고, 정법을 깨우쳐주고, 정법과 하나가 되는 삶을 살도록 베풀어주어야 하며, 이것이 법보시입니다.

그럼 불교의 정법에는 구체적으로 어떠한 것이 있는가? 사성제四聖諦·팔정도八正道·육바라밀六波羅蜜·삼법인三法印·중도中道 등 부처님께서 설하신 교법과 각종 경전의 가르침, 참선법·염불법·주력 수행법 등 매우 다양합니다. 그리고 이와 같은 정법을 베풀어 불안과 고통에서부터 벗어나도록 해주어야 합니다.

대부분 사람들은 정신적인 괴로움과 불안한 마음을 갖고 살기 마련입니다. 그런데 왜 정신적으로 힘이 들고 마음이 불안한 것일까요? 먹을 밥이 부족하고 쓸 돈이 모자라기 때문에 힘들고 불안한 것일까요? 물론 그와 같은 경우도 있지만, 물질적인 부족 때문에 힘들고 불안한 경우는 반의반도 되지 않습니다.

진정한 이유는 불안의 원인이 무엇이며 괴로움의 원인이 무엇인지를 몰라서 불안과 정신적인 고통 속을 헤매고 있는 것입니다. 불안을 극복하는 길, 괴로움을 벗어나는 길을 모르기 때문에 불안과 괴로움 속에서 허우적대지 않을 수 없는 것입니다.

그러므로 불안과 괴로움의 원인을 깨우쳐주고 벗어나는 길을 가르쳐주면 누구든지 평화롭고 행복한 쪽으로 나아갈 수 있으며, 바로 그 길인 부처님의 바른 법을 일러주는 것이 법보시입니다.

그래서 부처님께서는 재물보시보다 이 법보시를 훨씬 더 중요하게 여기셨고 훨씬 더 위에 두셨습니다. 특히 『금강경』의 '무위복승분無爲福勝分'에서는 법보시의 공덕을 격찬하고 계십니다.

"선남자 선여인이 칠보로써 저 항하의 모래알 수

만큼이나 많은 삼천대천세계에 가득 차도록 보시를 하는 것보다, 이 경 가운데 사구게四句偈만이라도 받아 지니고 다른 사람을 위해 설한다면, 이 복덕이 앞의 칠보보시의 복덕보다 더 수승하니라."

항하恒河, 곧 갠지스 강은 2,500km가 넘는 매우 긴 강이요 폭도 매우 넓은 강입니다. 따라서 그 강에 있는 모래알의 수는 가히 상상도 할 수 없이 많습니다. 그런데 상상도 못할 갠지스의 모래알 수만큼이나 많은 삼천대천세계 모두를 칠보로 가득 채우는 보시를 했을 때, 그 결과로 받게 되는 복덕이 얼마나 크겠습니까? 정말 어마어마할 것입니다.

그런데도 부처님께서는 이 복덕이 중요한 게송 하나를 설해주는 복덕보다 못하다고 하셨습니다. 그 까닭이 무엇일까요? 엄청난 재물을 보시했다고 할지라도, 그 복은 세월의 흐름 속에서 마침내는 끝을 보게 되는 유위有爲의 복이기 때문입니다.

다함이 있는 유위복有爲福. 불교 집안에서는 '수행인에게 있어 유위복은 삼생三生의 원수다'라는 말을 즐거합니다. 왜 그 좋은 복을 삼생의 원수라고 한 것일까요?

그 복을 짓느라 한 생을 보내고, 그 복을 받아쓰느라 또 한 생을 보내고, 그 복을 다 쓰고 나면 박복하여져서 한 생을 보내야 하니, 수행에 몰두해야 할 삼생을 복 때문에 헛되이 보내게 된다는 것입니다.

그러므로 참된 행복과 해탈의 길을 걷지 못하게 막는 유위복을 '삼생三生의 원수'라고 한 것입니다.

하지만 법보시는 어떻습니까? 진리를 일깨워주는 정법의 보시는 영원한 생명력을 길러주고 무한한 행복과 영광을 안겨줍니다. 그 결과는 오로지 향상이요 해탈이요 깨달음입니다.

이 법보시의 복은 다함이 없습니다. 진리의 말씀을 새기고 또 새겨 깨달음을 이루면 부처의 자리로까지 나아갑니다. 그야말로 다함이 없는 무위복無爲福을 얻게 되는 것입니다.

물론 능히 무위복을 이루는 정법을 접하고도 아무런 감각이 없는 사람도 있습니다. 마치 어린아이에게 금강석을 한아름 쥐여주어도 그 가치를 모르는 것과 같습니다. 그런데 같은 금강석을 어른들에게 줘보십시오. 가치를 알고 뛸 듯이 기뻐합니다.

이 금강석처럼, 부처님께서 설하신 정법의 가치도 사람에 따라 다릅니다. 대자유와 대해탈을 이루고자 하는 이에게는 가장 소중한 보배이지만, 세속적인 부富와 명예를 행복으로 삼는 이에게는 그다지 대단한 가르침이 되지 않습니다.

그렇다고 부처님의 법이 가치가 없는 것일까요? 아닙니다. 어린아이가 금강석의 가치를 모른다고 할지라도 금강석의 가치는 그대로 있습니다.

법보시를 잘하는 법

그러므로 우리는 정법을 베풀어야 합니다. 최고의 가치를 지닌 정법을 법보시해야 합니다. 법보시를 잘하면 부처님께서 설하신 것처럼 한량없는 복을 쌓을 수 있습니다.

그렇다면 이 법보시는 어떻게 해야 하는가?

상대방이 그 내용을 깨닫도록 일러주어야 합니다.

왜냐하면 그 내용을 바로 깨달아야 진짜 복이 되기 때문입니다. 그 참뜻을 이해시켜야 진짜 그 사람의 복이 되기 때문입니다.

만약 사성제의 법문을 한다면 고高 · 집集 · 멸滅 · 도道의 사성제가 구체적으로 어떠한 내용을 담고 있는지를 또렷이 알 수 있게 가르쳐주어야 합니다. 그래서 '나도 사성제를 깨닫고 팔정도를 닦아 진정한 해탈과 행복을 이루리라'는 마음이 일어나게끔 해야 합니다.

이렇게 확증을 심어주는 법보시를 하게 되면 금강경의 말씀대로 무수한 삼천대천세계를 칠보로 가득 채우는 보시보다 더 많은 복을 쌓을 수 있게 되는 것입니다.

진실로 복 짓는 일 중에서 진정한 행복과 위없는 깨달음을 얻을 수 있도록 해주는 법보시의 복보다 더 큰 복은 없습니다. 그럼 이와 같은 법보시를 하기 위해 '나'는 어떻게 해야 하는가?

그 법을 내가 먼저 알고 확실히 이해해야 합니다. 그래야만 상대방에게 정법을 분명하게 가르칠 수 있기 때문입니다. 물론 이와 같은 '나'가 되기 위해 정법을 부지런히 공부해야 함은 너무나 당연합니다.

이렇게 부지런히 공부하여 자리自利의 복을 이루고, 다른 사람들에게 성심성의를 다해 부처님의 정법을 전하여 그들의 참 정신을 일깨워주는 이타利他의 복을 쌓아가다 보면, 자리이타·자각각타自覺覺他의 대복을 마침내 성취할 수 있게 되는 것입니다.

그런데 여기에 이르러 대부분 사람들은 문제를 제기합니다.

"나는 불교 교리나 경전의 내용을 잘 모른다. 그런데 어떻게 법보시를 하라는 것인가? 이 법보시는 나와 무관한 일이다."

이렇게 말하고는 법보시에 대한 생각을 닫아버립니다. 맞습니다. 지당하신 말입니다. 하지만 포기하지 마십시오. 아주 좋은 방법이 있습니다.

만약 내가 부처님 가르침에 대해 아는 것이 별로 없다고 느낀다면, 능력껏 부처님 가르침을 담은 책이나 경전해설서, 정법을 일깨워주는 책 등을 사서 베푸는 법보시를 하면 됩니다.

이에 대해 '돈을 주고 책을 사서 나누어주는 것은 재물보시가 아닌가' 하는 분도 더러 있습니다만, 정법을 마음에 품고 돈을 쓰게 되면 그 보시는 재시가 아니라 온전한 법보시로 바뀌게 됩니다.

그러므로 무위의 큰 복을 짓기를 원한다면, 그리하여 영원한 생명력을 간직하고 무한한 자유를 얻기를 원한다면, 불경을 비롯한 좋은 불교책 법보시를 하고자 노력해야 합니다.

그런데 책을 법보시하는 불자 중에는 '꼭 불경이라야 한다' 며 고집하는 사람들이 있습니다. 하지만 법보시의 핵심은 '상대가 정법을 잘 이해할 수 있도록' 하는 데 있습니다. 따라서 한문으로 된 불경이나 난해하게 번역된 불경보다는, 읽어서 진리를 분명히 깨칠 수 있고 정법의 삶을 제시해주는 쉬운 불교 서적이나 글을 법보시하는 것이 더 좋습니다.

정법을 일러주고 참되게 살 수 있는 길을 쉽게 제시해주는 책, 마음의 눈을 열어 줄 수 있는 법문과 글을 가깝고 먼 사람에게 두루 보시한다면, 그 공덕을 어찌 다 헤아릴 수 있겠습니까?

나아가 방황하는 사람들에게 방황을 멈추게 하고 안정된 길로 나아가게 하는 것, 절망 속의 사람에게 용기와 희망을 주는 것, 이기적인 인간에게 참된 사랑을 일깨워주는 것 등도 훌륭한 법보시입니다.

다른 이로 하여금 그의 소원 성취를 위해 공덕 있는 경을 외우고 사경을 하게 하는 것, 아들딸 등을 집착으로 사랑하지 말고 염불기도 하고 축원할 것을 일러주는 것 등등, 우리가 능히 할 수 있는 좋은 법보시, 쉬운 법보시는 참으로 많습니다.

다른 사람의 길잡이가 되고 바른 법으로 살도록 깨우쳐주는 법보시! 이 법보시를 행하다 보면 스스로도 정법을 깨우칠 수 있습니다. 아니, 그 누구보다도 스스로가 진리를 가장 잘 깨우칠 수 있게 됩니다.

정법을 믿으면 복덕이 무량하다

이제 정법에 대한 믿음과 복덕에 대해 잠깐 이야기하겠습니다. 『금강경』 제15지경공덕분에서는 경전의 내용을 믿고 정법을 믿는 공덕을 다음과 같이 설하셨습니다.

"수보리야, 만약 어떤 사람이 아침에 항하의 모래알 수만큼의 몸을 보시하고 낮과 저녁때에도 그와 같이 보시를 하여, 하루 세 차례씩 백천만 억겁 동안 보시를 하였다면 그 복덕이 어떻겠느냐? 그야말로 무량하기 그지 없느니라. 하지만 이보다도 정법의 경전, 위없는 깨달음인 아뇩다라삼먁삼보리를 발하게 하는 법문을 듣고, 믿는 마음을 내어 거역하지 않은 사람은 더 큰 복덕을 얻게 되느니라."

부처님께서는 금강경 등의 정법에 대한 내용을 완전히 요달해야만 무량복덕이 생긴다고 하지 않으셨습니다. '믿는 마음을 내어 거역하지 않으면', 무량겁 동안 하루에 세 차례씩 갠지스 강의 모래알 수만큼의 몸을 보시한 공덕보다 크다고 하셨습니다. 정법을 확실히 믿으면 무량복덕을 얻게 된다는 것입니다.

그런데 여기에 한 가지 문제가 숨어 있습니다. 바

로 믿음[信]입니다.

그럼 '믿는다'는 것이 무엇인가? '아! 참으로 그렇구나' 하는 것입니다. 부처님의 가르침을 접하고 이렇게 확신하면 무량복덕이 생깁니다.

그런데 우리는 어떻습니까? '참으로 그렇구나' 하는 확신과는 관계없이, '무량복덕이 있다고 하니' 읽고 사경하고 해설도 해봅니다. 솔직히 말하면 그 복덕이 탐나서 경전 등을 수지독송하는 것입니다. 하지만 복덕을 얻고자 하는 기대심리로 수지독송하여서는 절대로 무량복덕이 함께하지 않습니다.

그럼 어떻게 해야 하는가? 정법과 함께하고자 하는 우리는 아뇩다라삼먁삼보리의 큰마음을 발하여야 합니다. 대승의 마음을 발하여야 합니다.

과연 대승大乘이 무엇인가? 대승은 큰 수레입니다. 많은 중생이 함께 타고 해탈의 세계를 향해 나아가는 큰 수레입니다. 결코 나 혼자나 나와 가까운 사람만이 함께 탈 수 있는 작은 수레가 아닙니다.

그런데 우리는 어떤 수레를 타고 있습니까? 나의 행복과 내 가족의 불행을 타파하기 위해 기복적으로 불교를 믿는 이가 대부분입니다. 어찌 이러한 우리를 대승의 마음을 발한 불자라 할 수 있겠습니까?

참으로 우리가 대승의 마음을 발하게 되면 정법과 함께하는 순간에 크게 느끼고 크게 깨달아 확고한 믿음을 가질 수 있게 되며, 무량복덕을 동시에 성취할 수 있습니다. 부처님의 말씀 그대로 위없는 바른 깨달음인 아뇩다라삼먁삼보리를 향해 나아갈 수 있는 것입니다.

그러나 작은 법[小法]을 좋아하는 우리는 확고한 믿음 위에 서지를 못합니다. 나의 아집, 나의 욕심, 내 가족만의 행복추구에 사로잡힌 채 부처님의 가르침을 접하기 때문에, 부처님의 정법을 '아, 그렇구나' 하면서 받아들이지 못합니다.

정녕 부처님의 가르침 속에서 무량복덕을 얻기를 원한다면 나를 바꾸어야 합니다. 나의 마음을 대승의 마음으로 바꾸어야 합니다. 내 마음이 바뀌면 부처님의 바른 가르침은 막힘없이 나의 것이 되고, 정법에 대한 확실한 믿음도 저절로 갖추어지게 됩니다.

물론 작은 법을 좋아하는 요소법자樂小法者에다가

나의 굴레에 갇혀 사는 것이 습관화된 우리가 대승의 마음을 갖기란 쉽지가 않습니다.

하지만 실망할 일은 아닙니다. 대승의 문을 열고 확고한 믿음의 문을 열 수 있는 열쇠가 바로 나의 의지요 실천이기 때문입니다.

지금부터라도 대승심으로 살겠다는 결심 아래 능력껏 꾸준히 법보시를 행하면서 대승의 바른 가르침을 배우고 참된 뜻을 새겨보십시오. 마음이 차츰 대승심으로 바뀌면서 믿음의 주춧돌이 놓이게 되고, 믿음의 주춧돌이 놓이는 만큼 복덕도 커지게 된다는 것을 체험할 수 있을 것입니다.

꼭 새겨두십시오. 법보시는 부처님의 은혜를 아주 잘 갚는 방법입니다. 부처님과 정법을 잘 받들어 모시는 방법입니다.

우리 모두 부처님의 제자답게 나와 남을 함께 깨달음의 길로 인도하는 법보시를 꾸준히 실천해 봅시다. 신심을 다해 능력껏 법보시하면 틀림없이 향상하고 큰 복을 이룰 수 있으니, 꼭 법보시에 마음을 쏟아 무량복덕과 함께하시기를 축원 드립니다.

축원과 행복

축원과 함께 지금의 삶을

이제 행복을 이루는 생활 속의 축원에 대해 살펴봅시다.

『금강경』의 앞부분에서 수보리須菩提 존자는 매우 진지하게 부처님께 질문을 던집니다.

세존이시여. 선남자 선여인들이 아뇩다라삼먁삼보리심을 발한 다음, 마땅히 어떻게 그 마음을 유지하여야 하며, 어떻게 그 마음을 항복받아야 하나이까?

世尊하 善男子善女人이 發阿耨多羅三藐三菩提心하

노니 應云何住^{응운하주}며 云何降伏其心^{운하항복기심}하리닛고

이것이 금강경의 핵심이요, 이 질문에 대한 답이 금강경 전체의 내용입니다. 그런데 아뇩다라삼먁삼보리는 여러 가지 단어로 바꾸어 적용시켜 볼 수가 있습니다. 위없는 깨달음, 지극한 도, 최상의 행복, 완벽한 사랑, 대단한 성취 등등 …. 여기에서는 최상의 행복으로 대체시켜 봅시다.

'부처님. 가장 행복하게 살고자 하는 마음을 발하였으면 어떻게 그 마음을 유지하여야 하며, 어떻게 마음을 다스리며 살아야 하나이까?'

내가 발하고 내가 유지하고 내가 다스려야 할 행복을 향한 나의 마음가짐. 나는 불자들에게 행복을 먼 곳에서 찾지 말 것을 늘 당부드립니다.

행복은 먼 곳에 있지 않습니다. 행복은 일상생활 속에서의 나의 마음가짐, 나의 실천 속에 있습니다. 밥 먹고 옷 입는 속에, 가족 사이의 대화와 행동, 직

장에서의 대화와 행동, 이웃 간의 대화와 행동 속에 있습니다. 그러므로 생활 속에서 행복을 찾고 행복을 이루어가야 합니다.

큰 부를 이루고 크게 도를 깨쳐야 큰 행복을 성취하게 된다는 등의 망상에 빠져들지 마십시오. 오히려 지금이 아닌 먼 미래에 대한 망상이 행복을 멀리 쫓아버리고, 행복을 엉뚱한 쪽으로 가버리게 만듭니다.

지금이 중요합니다. 지금의 생활 속에서, 나의 마음가짐과 대화와 행동 중에 잘못된 것이 있으면 아무리 괴롭고 힘들더라도 고쳐나가야 합니다. 가족을 위해 이바지하는 일이 아무리 괴로울지라도 극복을 하면서 한결같이 나아가야 합니다. 그래야만 행복이 나의 것, 우리의 것이 됩니다.

행복은 가까운 곳에서 노력하고 실천하는 가운데 있습니다. 그래서 나는 어머니들에게, '축원 속에서 밥을 하고 빨래를 하라'는 부탁을 드리는데, 실천하는 분들이 많지가 않습니다. 부디 빨래를 할 때마다 축원을 하십시오.

"빨래를 할 때 모든 더러움이 사라지고 깨끗함이 이루어지듯이, 이 옷을 입는 분 또한 나쁜 액운이 모두 사라지고 청량한 삶이 이루어지이다."

반찬을 하고 밥을 지을 때도 축원을 하십시오.

"제 손으로 지어드리는 이 음식을 드시는 분들 모두가 건강하옵고, 뜻하시는 바가 모두 이루지이다."

만약 이렇게 간단한 축원도 실천에 옮기지 못하는 어머니라면, 어떻게 집안의 행복과 자신의 행복을 이루어 낼 수 있을 것이며, 남편을 위한 기도나 자녀들을 위한 기도를 제대로 할 수 있겠습니까?

축원 속에서 지어드리는 음식은 보약이 되지만, 불평불만 가득 품고 만드는 음식은 가족 모두에게 독약이 됩니다.

나의 욕심과 불평불만이 나의 손끝을 통해 음식에 전달되고 빨래에 노출되기 때문에, 어머니들의 마음가짐은 참으로 중요하기 짝이 없는 것입니다. 하지만 축원을 제대로 하는 어머니가 드물고, 축원을 하려는 생각조차 하지 않는 이들이 많습니다.

축원은 돈이 드는 것도 아니요 힘이 드는 것도 아닙니다. 오직 마음만 있으면 할 수 있는 것이 축원입니다. 그런데 왜 축원을 하지 않습니까? 축원이 행복과 평화의 원동력이 되는데도.

밥하고 빨래할 때의 축원처럼 행복을 이루는 실천들은 결코 어렵지가 않습니다. 오히려 너무 쉽기 때문에 먼 데서 찾는지도 모릅니다. 절대로 행복해지는 것이 어렵다고 생각하지 마십시오. 너무 쉽고 너무 가까이에 있는 것이 행복입니다. 나를 결코 떠나지 않고 있는 것이 행복입니다.

아직도 이해가 되지 않았다면 한 가지만 묻겠습니다. '나'의 마음이 멀리 있습니까? 물론 '아니다'고 답할 것입니다.

나의 마음은 늘 나와 함께 있습니다. 축원을 통하여 나의 마음을 바른 마음 · 밝은 마음 · 참된 마음으로 만들고 다스리고 유지하면, 행복은 늘 나와 함께합니다.

하지만 '나'의 마음인데도 이 마음은 한결같이 유지되지 않습니다. 끊임없이 흔들리고 방황하고 흘러갑니다. 그렇게 되면 처음의 축원을 잃고 마음 따라 흔들리고 방황하는 삶을 살다가 슬픔과 불행의 구렁텅이 속으로 빠져듭니다. 그런데도 나의 게으름이나 방황하는 마음 등을 다스리는 노력 없이 살아갑니다.

그래서 수보리존자가 부처님께, '어리석은 중생들이 큰 행복을 성취하려면 어떻게 그 마음을 유지하고 그릇된 마음을 다스려야 합니까?' 하고 여쭌 것입니다. 이에 부처님께서는 다음과 같이 답하셨습니다.

큰 행복을 이루겠다는 마음을 낸 다음에는, 마땅히 이와 같이 그 마음을 유지하고 이와 같이 그 마음을 항복받아야 하느니라.

應如是住_{하고} 如是降伏其心_{이니라.}

큰 행복을 이루기 위해서는 그 마음을 어떻게 유지하고 그 마음을 어떻게 다스려야 하느냐는 질문에 부처님께서는 '이와 같이〔如是〕 그 마음을 유지하고 이와 같이〔如是〕그 마음을 다스려야 한다' 고 하셨습니다.

참으로 묘한 답변처럼 들릴 것입니다. 그러나 대답의 뜻은 간단합니다. 그 마음을 내었을 때처럼 지키고, 그 마음을 내었을 때처럼 실천하라는 것입니다. 특별히 다른 방법이 있는 것이 아닙니다. 가족의 예로 돌아가면, 가족의 행복을 축원하는 그 좋은 마음을 그대로 유지하고 계속 실천하라는 것입니다.

'부모·배우자·아들딸에게나 생활 속에서 만나는 모든 인연들에게 축원하는 마음 그대로 살면 된다. 그 이상도 그 이하도 없다. 그 마음을 지키며 살면 된다' 라는 답을 주신 것입니다.

곧 여시여시如是如是, '이와 같고 이와 같은' 한결같은 마음으로 축원하고 살아갈 때 큰 행복을 얻고 유지하고 지켜나갈 수 있음을 일깨워주고 계십니다.

축원하며 보시하면 더 큰 복 받는다

이제 이 축원을 우리 불자들이 흔히 동참하는 불사

와 연결하여 큰 복을 짓는 방법에 대해 언급하고자 합니다.

불교에서는 절에 시주하거나 불사에 동참하면 복이 깃든다고 합니다. 그래서 복을 받기 위해 시주를 즐겨합니다. 그런데 시주를 할 때 참으로 이상한 경우가 있습니다.

"스님, 부처님 모시는 경비는 저 혼자 내겠습니다. 절대로 다른 사람 돈을 받으시면 안 됩니다."

법당을 건립할 때 돈 많은 사람에게서 흔히 들을 수 있는 이야기입니다. 화장실을 만들거나 길을 닦거나 축대를 쌓는 데는 기꺼이 보시를 하지 않으면서, 불상을 모시는 데는 왜 혼자 독차지하려는 것일까요?

바로 큰 복덕을 기대하기 때문입니다. 부처님을 조성하여 길이길이 축복을 받으며 잘 살아 보겠다는 욕심 때문입니다.

물론 이러한 보시에도 복덕은 뒤따릅니다. 하지만 조그마한 복은 지을지언정 큰 복이나 진정한 해탈과는 무관합니다. 그리고 복덕을 독차지하고자 하는 그 욕심의 과보는 나의 몫이 됩니다.

따라서 큰 복을 짓고자 하면, 내가 중요한 것을 하겠다는 욕심보다는, 평소에 정성껏 축원하며 모은 돈으로 불사에 동참하는 것이 좋습니다. 그래서 나는 주위의 불자들에게 부탁합니다.

"부처님께 절을 올리고 돈이나 음식 등을 올릴 때는 꼭 축원을 하십시오."

축원은 나를 비롯한 다른 이의 행복을 기원하는 것이요, 축원하는 그 마음은 바로 아뇩다라삼먁삼보리심, 곧 위없는 깨달음과 큰 행복을 이루는 마음입니다.

'일체중생 모두가 행복하여지이다' 등의 거창한 것만 진짜 축원인 것은 아닙니다. 내 남편·내 아내·내 부모·내 아들딸들이 '건강하고 뜻하는 일 모두 이루어지게 하소서' 하는 등의 가족을 위한 축원 또한 위없는 깨달음의 마음입니다.

그리고 우리가 법회 때마다 노래하는 사홍서원을 비롯하여 스스로를 참되고 바른 쪽으로 나아가게 하고자 발하는 맹세들 모두가 큰 행복을 여는 축원들입니다.

　문제는 이러한 착한 마음, 바른 마음, 좋은 마음을 계속 유지하는 데 있습니다. 착하고 바르게 축원하는 마음을 한결같이 유지하기만 하면 저절로 행복이 깃들고 위없는 깨달음이 함께 하게 됩니다.

　따라서 불사에 동참할 때에는 그냥 돈을 내지 말고, 축원이 깃든 보시를 해야 합니다. 그렇게 하면 불사 동참의 복이 재물 보시의 복으로 끝나지 않고 주위까지 복되게 만드는 무량 복으로 바뀌게 됩니다. 이와 관련하여 나를 자주 찾아오는 수원보살의 예를 들겠습니다.

　우리나라 전체가 가난했던 수십 년 전의 일입니다. 박봉인 남편의 월급으로 아들딸 넷을 키우며 살았던 수원보살은 절에 시주하기가 어려웠습니다. 대신 보살은 밥을 지을 때마다 쌀 한 숟가락씩을 덜어 봉지에 담으면서, 가족 한 사람 한 사람에 대해 축원했습니다. 그리고 한 달에 한 번씩 절에 가지고 가서 쌀

봉지를 부처님께 바쳤습니다.

그런데 묘한 일이 일어났습니다. 그 이후로 양식 때문에 고생하는 일이 없어졌고, 남편 일도 잘 풀렸습니다. 그리고 자식들 모두 대학을 나와 결혼하고 아무런 탈 없이 잘 살게 되었습니다.

그 뒤 수원보살은 꾸준히 쌀을 모으면서 염한 축원과 보시 공덕의 체험담을 주변의 불자들에게 들려주며 권했습니다.

"참으로 영험이 있습디다. 한번 해 보십시오. 정말 기대 이상의 가피가 뒤따릅니다."

수원보살은 광목을 사서 직접 쌀자루 2백 개를 만들어 주위 사람들에게 나누어 주었고, 그들도 축원하면서 쌀을 모으고 보시를 하여 훌륭한 결실을 맺었습니다.

8

양식이 귀했던 시절에 수원보살이 모았던 정성이 깃든 공양미, 나의 축원이 깃든 공양미를 부처님 전에 올렸기에 행복이 저절로 찾아든 것입니다.

복은 물질로만 이루어내는 것이 아닙니다. 정성이 깃들어야 합니다. 돈이 있다고 하여 절이나 불사에 마구 돈을 희사하기보다는, 정성이 깃들고 축원이 깃든 돈을 바쳐야 합니다.

어느 날 갑자기 통장에서 목돈을 인출하기보다는, 평소에 불사에 쓸 돈을 모으십시오. 가족이 셋이면 셋, 넷이면 넷, 한 사람당 천 원이라도 좋고 오백 원이라도 좋습니다. 형편에 맞추어 쉽게 할 수 있는 액수를 정해서 돈을 모으십시오.

절대로 그 돈을 그냥 모으지 마십시오. 남편 몫으로 돈을 놓으면서 남편을 축원해 드리고, 아들 몫으로 돈을 놓으면서 아들을 축원해주고, 딸의 몫으로 돈을 놓으면서 딸을 축원해주고, 내 몫으로 돈을 놓으면서 내 축원을 하십시오. 그것도 세 번씩 축원하십시오.

"부처님, 이 돈은 ㅇㅇㅇ의 몫입니다. ㅇㅇㅇ이 항상 건강하옵고, ㅇㅇㅇ이 원하는 바가 꼭 이루어지도록 하옵소서."

하루 이틀 행하다가 말고, 답답하면 행하는 축원이 아니라, 매일매일 꾸준히 하는 축원이라야 좋은 결실을 맺습니다. 끈기 있게 밀고 나가는 축원이라야 힘이 모이고, 힘이 모여야 능히 어려움과 장애를 돌파할 수 있습니다.

적은 돈이라도 상관없습니다. 매일 하는 것이 중요합니다. 잊지 말고 돈을 모으면서 꼭 축원하십시오. 정성껏 축원하십시오. 그 축원이 무량한 복을 가져다주고, 반드시 좋은 열매를 맺게 합니다.

그리고 모은 돈으로 불사를 하십시오. 스님에게 드려서 절에 쓰도록 하여도 좋고, 법공양에 사용하여도 좋고, 어렵고 힘든 이웃을 위해 써도 좋습니다. 나와 남을 함께 이롭게 하고 나와 남을 함께 살리는 데 쓰면 그것이 진정한 불사입니다.

반드시 축원과 함께 불사금을 모으십시오. 이렇게 불사를 하고 축원하는 집안에는 절대로 재앙이 찾아들지 않습니다. 가족의 하는 일들도 실패하지 않습니다. 올바른 마음가짐으로 꾸준히 축원하는 사람에게는 절대로 파도가 일어나지 않습니다.

집에서 독경이나 사경이나 기도할 때에도 축원하기를 잊지 마십시오. 절에 가서 불전을 넣을 때에도 꼭 가족 축원을 하십시오. 매일매일 축원을 하면 그 축원이 맹세코 나의 원이 되고, 그 축원이 나의 중심을 잡아주고 가족의 행복을 보장하는 힘이 됩니다.

그리고 기도를 하지 않거나 돈이 별로 없는 분이라면 하루 세 번 공양(식사)을 하기 전에 축원을 하는 것도 훌륭한 방법입니다.

부디 축원을 통하여 행복해지고 편안해지고 원하는 바를 이루는 불자가 되고, 불자의 가족이 되기를 저 또한 간곡히 축원드립니다.

나무마하반야바라밀.

제 3 장

아상과 무주상보시

아상我相 비워 행복 찾기

행복을 방해하는 4상四相

이제 인생살이에서 행복을 막고 깨뜨리는 최대의 적인 아상我相 등의 4상四相에 대해 살펴볼 차례가 되었습니다.

『금강경』에서 설한 '이와 같고 이와 같은' 마음, 곧 큰 행복을 얻고 유지하고 지켜나감에 있어 가장 크게 방해하는 것은 무엇인가? 이에 대해 『금강경』에서는 4상四相이라고 하셨습니다. 아상我相·인상人相·중생상衆生相·수자상壽者相의 4상이 있으면 진정한 행복을 이룰 수 없다고 선언하신 것입니다.

그럼 어떠한 것이 4상인가? 이 4상의 하나하나를

우리의 삶과 관련시켜 풀이해 보겠습니다.

① **아상我相** : 아상은 '나다' 하면서, 나를 내세우는 것입니다. 나의 삶 속에서 내가 가진 것과 나의 환경과 나의 잘난 점을 자랑하면서 남을 업신여기는 것이 아상입니다.

"나는 어느 학교를 졸업했다. 남편은 어떤 직책에 있고 아내는 무엇을 하는 사람이다. 아들딸은 무엇이 되어 있으며, 우리 집의 규모는 이 정도고 재산은 얼마다. 친가·외가·처가·친정·시댁의 배경은 어떻다."

이러한 것들을 밖으로 내세우고 자랑할 뿐 아니라 마음속으로라도 집착하며 남을 무시하게 되면, 아상에 사로잡힌 삶으로 규정하게 됩니다.

② **인상人相** : 인상은 '너 정도는' 하면서 스스로의 실천을 자랑하고, 남을 경시하는 태도입니다.

참선하고 염불하고 경전 공부하고 기도하는 불자들 중에는 스스로의 정진을 자랑하면서 잘 정진하지 못하는 사람을 비웃는 이들이 있습니다. 이렇게 되면 그는 인상에 사로잡힌 사람이 됩니다.

남으로부터 능히 존경받을 만한 봉사·희생·선행 등을 하였을지라도, 남과 비교하고 우쭐대는 마음을 일으키게 되면 인상에 걸리게 됩니다.

③ **중생상**衆生相 : 나와 남과의 관계 속에서 잘한 것은 내 탓이요 잘못한 것은 남의 탓이라고 하는 것, 좋은 일은 자기에게 돌리고 나쁜 일은 다른 사람에게 돌리는 것, 이것이 중생상입니다.

큰일은 물론이요 아무리 작은 일일지라도 그 결과를 다른 가족이나 타인의 탓으로 돌리게 되면 중생상에 사로잡혀 있다는 증거가 됩니다.

④ **수자상**壽者相 : 오래 사는 것을 비롯하여 모든 것을 나의 이기적인 생각에 맞추어 취하고 버리고 분별하고 선택하는 것. 이것이 수자상입니다.

나의 몸보신을 위해서라면 선악을 가리지 않는 사람. 나의 이름이 나고 내 생색이 나는 일이라면 꽂다

발 하나라도 더 보내어서 적극적으로 참여하는 사람. 물질적으로나 정신적으로 득이 있는 자리에 대해서는 양보함이 없는 사람. 이익됨이 없거나 입장이 곤란할 때는 수십 년을 사귄 친구도 언제 봤냐는 듯이 발길을 돌리는 사람. 이러한 사람이라면 매우 심각한 수자상에 빠져 있음이 틀림없습니다.

우리는 늘 생활 속에서 이상과 같은 아상·인상·중생상·수자상에 빠져 살고 있습니다. 사람에 따라 정도의 차이는 있을지언정 이러한 상에 얽히고설켜 있는 것입니다.

아상·인상·중생상·수자상. 이 '4상'에 빠져 살면 불행해지고 이것이 없으면 행복해집니다. 진정한 행복은 따로 있는 것이 아닙니다. 외부에서 오는 것도 아니요, 없던 것이 순간적으로 생겨나는 것도 아니며, 부처님께서 주시는 것도 아닙니다. 참된 행복은 아상 등의 4상을 비울 때 저절로 모습을 드러냅니다.

'4상을 없애면서 네 마음을 다스려라. 아상·인

상·중생상·수자상 없이 살면 최상의 행복이 저절로 이루어진다. 그러나 4상이 치성하면 아무리 애를 써도 그릇된 마음을 다스릴 수가 없고 복된 자리로 나아가지 못하게 된다.'

부처님께서는 바로 이것을 강조하신 것입니다. 그런데 우리는 어떠합니까? 4상의 첫 번째인 아상조차도 벗어나지 못하고 있습니다.

'나는 앞으로 ~을 할 거야.'

'나는 지금 ~을 하고 있어.'

'나는 언제 ~을 했어.'

한평생 도를 닦으면서도 이 아상 하나 다스리지 못하는 불자들이 많습니다. '나다, 내 것이다, 내가 했다.' 이것이 행복의 길, 깨달음의 길을 막아 버립니다.

🌸

527년, 달마대사達磨大師께서 인도로부터 중국 남쪽 지방으로 오자, 양나라 황제인 무제武帝는 대사를 수도인 남경南京으로 모셨습니다. 독실한 불자였던

무제는 인사가 끝나기 바쁘게 물었습니다.

"내가 즉위한 이래 무수히 많은 절을 지었고, 경전들을 무수히 많이 만들어 배포하였습니다. 그리고 신하들과 백성들에게 출가를 권유하였고, 수많은 승려에게 공양을 올렸습니다. 그 공덕이 과연 얼마나 되겠소이까?"

"공덕이 전혀 없습니다."

§

왜 달마대사는 양무제에게 '공덕이 전혀 없다'고 하였을까요?

'내가 ~을 했다'는 아상에 사로잡혀 있는 이상에는 위없는 깨달음이나 최상의 행복과는 무관하기 때문에 '공덕이 전혀 없다'고 하신 것입니다.

양무제만이 아닙니다. 우리 또한 마찬가지입니다. 불사를 하거나 봉사를 하거나 좋은 일을 한 다음에, '내가 ~을 했다'는 마음이 붙게 되면 큰 행복이 쌓이지 않습니다. 조그마한 복은 쌓고 받을지언정, 큰 행복과는 무관합니다.

부처님의 가르침은 바로 이와 같은 마음을 다스리라는 것입니다. '나는 누구다', '나는 ~을 한다', '내가 ~을 했다' 라는 자랑 섞인 마음 없이 하는 것이야말로 최상의 행복을 방해하는 마음을 다스리는 방법입니다.

아상 속에 살게 되면

불자들이여, 불교를 위해 부처님을 위해 남을 위해 말할 수 없이 좋은 일을 하였을지언정, 그것을 알리고 자랑하고 싶어 못견뎌하는 그 마음, '나다·내 것이다·내가 누군데' 하는 아상부터 항복받으십시오. '내가 ~을 했다', '나는 ~을 한다' 는 자랑이 일어나지 않도록 마음을 잘 다스려야 합니다.

보시를 하였으되 '내가 누구에게 ~을 베풀었다' 라는 생각이 이어지지 않도록 마음을 항복받고, 높은 자리에 앉게 되거나 부자가 되었을지라도 교만함과 우쭐함에 빠지지 않도록 스스로의 아상을 다스려야 합니다.

가정생활에서도 마찬가지입니다. 아들딸에 대해, '내가 온갖 것을 희생하며 너희를 키운 엄마다'라는 생각이 일어나지 않도록 아상을 항복받고, 아들딸과 배우자에게 '내가 어떻게 해줬는데?'라는 마음을 일으키지 말아야 합니다.

이러한 아상을 다스리지 못하면 늙어 힘이 없어질 때 '서운하다·괘씸하다·나쁜 놈' 등의 생각이 붙게 되고, 심지어는 억울함과 실망감에 빠져 자식과 원수처럼 지내거나 극단적인 길을 택하는 경우까지 생겨나게 됩니다.

대전에서 트럭 운전기사와 결혼을 하여 딸 셋에 아들 하나를 둔 여인이 있었습니다. 그러나 트럭 운전을 하는 남편의 벌이로는 네 명의 자녀를 키우며 살기가 너무나 힘이 들었습니다.

그녀는 친구들에게 돈을 빌려 땅장사와 집 장사를 시작하였고, 그렇게 번 돈으로 자식들을 교육시키고 집까지 마련하였으며, 큰딸을 서울대학교 대학원까지 공부시키고 결혼도 시켰습니다.

IMF 외환위기가 터지자 가지고 있던 땅도 팔리지 않고 돈도 융통이 되지 않았습니다. 그런데 사채시장과 은행에서 그동안 빌려 쓴 돈을 갚으라며 끊임없이 독촉하는 것이었습니다. 혼자 고민을 하다 지친 그녀는 남편에게 답답함을 털어놓았습니다.

"늘 당신 혼자 알아서 해왔는데, 지금 나에게 말하면 어떡하오? 나에게 경제적인 능력이 없다는 것을 잘 알지 않소?"

남편이 두 손부터 들자 그녀는 결혼한 큰딸을 찾아갔습니다.

'대학원까지 나온 딸이니 해결은 못 해줄망정 위로는 해주겠지' 하면서 찾아간 것입니다. 그런데 어머니의 사연을 들은 딸의 첫마디는 너무나 달랐습니다.

"엄마가 나에게 해준 것이 무엇이기에 빚 타령을 하는 거야?"

"너 하나 희망으로 삼고 갖은 고생 다하며 키웠는데, 해준 것이 무엇이냐고?"

"그래. 엄마가 해준 게 뭐야?"

점점 감정이 격해진 딸이 악을 품고 달려들자 그녀는 세상이 무너지는 듯했습니다.

'아, 내가 그토록 힘들게 살아온 것이 우리 가정과 저 아이들을 위한 것이었는데…. 남편에게는 원망을, 자식에게는 공격까지 당하다니!'

그녀는 섭섭하고 괘씸한 마음에 유서를 남기고 자살을 했습니다.

୫

이 이야기를 읽고 '그녀가 불쌍하다. 오죽하였으면 자살까지 하였을까' 하며 동정하는 이들도 많을 것이요, '큰딸과 남편이 되먹지 못했다'고 욕하는 이들도 있을 것입니다. 물론 그와 같은 동정이나 비판은 당연합니다. 그러나 냉철하게 생각해 보십시오.

대부분 사람들의 삶은 처음부터 끝까지 '나'의 욕심과 이기심에서 출발하여 나의 욕심, 이기심 속을 파드득 헤매다가 죽어갑니다. 아들딸에 대해서도 자신이 노력을 기울인 만큼이나 자부심을 갖고 기대를 갖습니다.

실로 아들딸을 다 키운 다음, '나와의 인연이 있어 정성껏 뒷바라지하였고 부모로서의 일을 마쳤다'며 완전히 상을 버리는 부모가 있습니까? 아마도 매우 드물 것입니다.

그러나 손을 털지 못하면 노년이 되어 자신이 좋지 못한 환경에 처하게 될 때 아들딸에 대해 섭섭해 하고 원망을 합니다. 왜 그렇습니까? 아상을 항복받지 못했기 때문에 '내가 어떻게 해주었는데' 하는 생각이 계속 일어나고, 괘씸함과 대가를 바라는 생각이 솟구치기 때문입니다.

이 이야기 속의 여인도 마찬가지입니다. '내가 희생하며 해주었다'는 생각, 그리고 그녀의 기대가 섭섭함과 괘씸함으로 이어지면서 자살이라는 비극을 초래한 것입니다.

아상을 항복받아라

나는 법회 때 다음과 같은 말을 자주 합니다.

"자식 키우는 의무를 다한 부모님들은 아들딸에게 노후의 삶이나 제삿밥 얻어먹겠다는 기대를 하지 마십시오. 절대로 하지 마십시오. 그리고 다 자란 아들딸이나 손자들의 걱정도 하지 마십시오.

참으로 아들딸과 손자를 위하고 나의 행복을 바란다면, 부모로서의 도리를 다한 다음에는 한평생을 살면서 가족들과 맺었던 얽히고설킨 감정을 확 풀어버려야 합니다. 수십 년 가슴속에 간직했던 감정들, 미웠던 생각, 섭섭했던 생각, 괘씸했던 생각들을 떨쳐버려야 합니다.

이것이 아상을 항복받는 방법이요, 노년의 할 일입니다. 그리고 이렇게 하여 아상을 항복받으면, 염불 한마디 하지 않아도 저절로 극락왕생하고, 여러분의 자식들은 저절로 행복하게 됩니다.

지금 여러분이 내 아들딸에게 어떻게 해주었다는 아상에 사로잡히게 되면, 육체와 영혼이 떨어지는 그 순간부터 내 아들과 딸, 남편과 아내로부터 생전에 받은 섭섭함, 얄미웠던 것, 괘씸했던 행동들만이 남아 부딪히게 되고, 그 때문에 여러분의 후손들은 여러분들 때문에 고통을 받게 됩니다. 그러니 부디 아상을 내려놓고, 모든 기대와 집착을 비워버리십시오.”

진실로 내가 행복해지고 훌륭한 아버지, 어머니가 되려면, 부모로서의 할 일을 다하되 ‘해준다’, ‘해줬다’는 생각을 붙이지 말아야 합니다. ‘내가 아들딸에게 이렇게 저렇게 해줬다’라는 그 마음을 항복받아야 합니다. 내가 해줬다는 생각을 버리지 못하면 노년에 괄시를 받을 때 ‘섭섭하다’, ‘괘씸하다’는 생각이 붙지 않을 수 없습니다.

그러므로 아상을 세워 ‘내가 아들딸을 어떻게 키웠는데’ 하는 집착을 버려야 합니다. 반드시 그 아상을 항복받아야 합니다. 오히려 내가 베풀고 키울 수 있게 해준 것에 감사하며 살아야 합니다.

그리고 아들딸만이 아니라, 내외 사이, 형제 사이, 부모와 친구 사이에 있었던 모든 계산상의 마음들을 비워버려야 합니다.

부처님께서는 보살 시절에 수많은 중생을 제도하

고도 '내가 제도했다' 는 마음이 없었으며, 그 마음이 없었기 때문에 행복의 지존인 부처님이 되셨습니다. 그래서 부처님께서는 금강경 등을 통하여, '진정으로 행복하기를 바라거든 ~을 했다는 마음부터 항복받아라' 고 하신 것입니다.

불자들이여, '나다·내 것이다' 라는 아상我相, '나는 ~을 한다, ~을 했다' 고 자랑하는 아상. 부디 이 아상만은 꼭 항복받아보십시오. 조금은 어렵겠지만, 아상이란 본래 없는 것이기 때문에 능히 항복받을 수 있습니다. 앞에서 심도 깊게 이야기한 축원으로 아상을 대체시키면, 보다 쉽게 아상을 항복받을 수 있습니다.

이 아상만 항복받으면 마음에 평화가 깃들고 큰 행복이 스스로 찾아들며, 해탈의 문 또한 저절로 열리게 됩니다.

이제 이 아상을 비우는 무주상無住相의 가르침에 대해 함께 살펴봅시다.

무한행복은 무주상에서

집착이 복을 쫓는다

중생은 누구나 복을 좋아기 때문에 복 있기와 복 받기를 원할 뿐 아니라, 복을 쌓고 덕 베푸는 일을 하고 싶어 하고, 복덕을 쌓는 선업들을 지으며 살아갑니다.

하지만 아상이 가득한 사람들은 하나같이 스스로가 쌓고 지은 복덕의 양量을 새기면서 살아갑니다. '내가 누구에게 어떤 복을 지었다'는 것을 따지고 기억하는 것입니다. 그러나 이렇게 복을 지으면 자기 복을 자기가 받는 인과복因果福의 수준에서 벗어나지 못하게 됩니다.

복을 베풀 때 그 내용이나 수량 등에 얽매이게 되면 인과응보 수준의 복만을 받을 뿐, 굴레를 넘어선 대우주법계의 큰 복은 누릴 수가 없습니다. 만약 우리가 진짜 큰 복을 얻고자 한다면 지은 복의 내용이나 수량에 집착함이 없이, 복 짓는 일에 진심과 정성으로 임해야 합니다.

진심과 정성이 아니라, 지은 복의 내용과 수량에 집착하면 집착할수록 복의 폭은 점점 좁아집니다. 대우주법계에 가득한 무한행복이 나의 집착 때문에 자꾸만 멀어지는 것입니다.

반대로 지은 복의 내용과 수량 등에 집착하지 않고 진심과 정성으로 복을 쌓으면 법계의 무한행복이 그대로 나의 것이 되어 큰 행복을 누릴 수 있게 됩니다. 곧 대우주법계의 무한행복과 하나가 되는 비결은 '무주無住'입니다. 머무름이 없는 복짓기, 집착 없이 행하는 복짓기라야 대우주의 진실을 체험할 수 있고 대우주의 무한행복과 하나가 될 수 있습니다.

부처님께서는 여러 경전을 통하여 '마땅히 머무르는 바 없이 복덕을 닦아야 한다'고 하셨습니다. 부처님께서 강조하신 '머무르는 바 없이〔無所住〕'는 한 마디로 집착 없이 실천하라는 것입니다. 그런데 우리는 어떠합니까? 먼 곳의 일은 그만두고 우리의 가족과 가정부터 되돌아 보십시오.

가족과 가정이라는 굴레 속에서 우리는 내가 '아버지'라는 집착, '어머니'라는 집착, 저 아이가 '내 자식'이라는 집착으로 살아갑니다. 그리고 그 집착에 따라 우리의 생각과 말과 행동이 달라집니다.

머무르는 바 없이 집착하는 바 없이, 진심과 정성으로 살아야 행복한 삶이 열리고 자유롭게 살아갈 수 있는데, 집 안의 일에서부터 집착 하나를 떼내지 못한 채 서로를 대하고 있으니, 어떻게 거센 파도가 몰아치는 이 고해의 불행을 벗어날 수 있겠습니까?

행복한 삶, 자유로운 삶, 진실한 삶과 자꾸만 멀어지게 될 뿐입니다. 그래서 부처님께서는 '마땅히 머무르는 바 없이, 집착하는 바 없이 복을 지어야 한다'고 말씀하신 것입니다.

사람들은 가족을 '사랑해야 한다'고 생각하고, 가족을 '서로 사랑하며 살아가고 있다'고 생각합니다.

그리고 사랑이라는 이름으로 서로에게 집착을 합니다.

그 집착이 문제입니다. 그 집착이 사랑으로 가꾸고 만들어놓은 좋은 것들을 무위로 돌려놓습니다. 어떤 때는 남남보다도 못한 관계에 빠져들기도 하고, 원수처럼 되어 버리기도 합니다.

부모들은 흔히 '내 자식놈인데 내 말을 안 듣고 거역한다' 며 아들딸에게 톡톡 쏘아붙입니다.

내가 낳고 기른 자식이어서 만만하고, 부모 자식 관계인지라 이해가 될 것이라 생각하고 함부로 합니다. 마음 밑바닥에 '내 자식이니까 내 마음대로 해도 된다' 는 집착이 깔려 있기 때문입니다.

하지만 아들딸들은 그들의 입장에서 나름대로 주관이 있기 때문에, 부모의 꾸중이나 톡톡 쏘는 말이 섭섭하게 들리고 억울하기까지 합니다. 부모와 자식의 사이이므로 막말을 하거나 부모의 멱살을 잡지는 않지만, 그 섭섭함과 억울함이 거꾸로 가슴속으로 들어가 맺히는 것입니다.

못된 자식을 둔 부모나 시어머니 며느리 사이도 섭

섭함과 원망스러운 감정이 쉽게 맺힙니다. 그리고 뭐니 뭐니 해도 원망스러운 감정이 가장 많이 맺히는 사이는 부부입니다.

미움과 원망의 감정은 서로를 배신하는 굉장한 사건이 있어야만 맺히는 것이 아닙니다. 그 발단은 사소한 데서 비롯됩니다. 아내의 바가지 긁는 소리가 남편의 가슴에 꽉 맺혀 잊을 수 없게 되거나, 남편이 무성의하게 막 내뱉은 소리가 가슴에 꽂혀 풀리지 않게 되면 원망이 생겨나고, 그것이 얽히고설키면 원수 같은 사이로 발전하게 됩니다.

물론 모든 대화가 다 가슴에 맺히는 것은 아닙니다. 대부분은 자취를 남기지 않고 살랑 지나가지만, 심기가 많이 불편할 때나 심한 모욕감을 느끼게 되면 가슴에 맺혀 풀리지가 않습니다.

'저이가 나를 이렇게 밖에 취급하지 않는구나.'

'나를 이런 사람으로 보아 왔구나.'

이렇게 실망감에 젖고 믿음이 깨어지면, 일이 생길 때마다 자꾸만 감정의 골이 깊어지는 쪽으로 몰고 갑니다.

'저 사람이 지난번에 그 소리를 하더니만, 마음속에 저런 속셈을 지니고 있었구나. 그래서 나한테 갈수록 이상한 행동을 하였구나.'

마침내는 부부 사이에 큰 싸움이 붙고, 싸움 뒤에 갈라서거나 서로를 더욱 미워하게 되면 내생까지 이어지는 원결로 정착되는 것입니다.

그러므로 서로 사랑할 뿐 아니라 믿고 의지하는 부부・부모 자식・형제 사이라 할지라도, '사랑하기 때문에, 만만하기 때문에 마음대로 해도 된다'는 생각을 가져서는 안 됩니다. 집착을 일으켜 마음대로 말하고 마음대로 행동하면 결국은 무서운 원결을 만들어 함께 불행 속으로 빠져들게 됩니다.

큰 복을 여는 무주상

그럼 가정과 가족의 참된 행복을 이루려면 어떻게 해야 하는가?

'남편이다・아내다・아버지다・어머니다・아들이다・딸이다'라고 하는 데 대한 집착 없이 가족들에게 이바지해 주어야 합니다. 가족끼리 함께하는 모든 일 속에서 구속하거나 구속되거나 집착하는 마음 없이 베풀어야 합니다.

이렇게 가족에게 이바지하고 베풀면 그 어디에도 머무르는 바 없이 복을 지을 수 있게 되고, 대우주법계의 무한행복을 수용하여 큰 복을 누리고 복된 가정을 이룰 수 있습니다.

정말 중요한 것은 머무르는 바 없이, 얽매임 없이, 집착 없이 가족을 대하고 복을 지어야 한다는 것입니다. 가정에서만이 아닙니다. 사회에서도 마찬가지입니다.

절에서의 이야기부터 해봅시다. 불자들의 절에 대한 시주는 너무나 얽매어 있습니다. 불사에 동참할 때도 스님의 권유로 하는 수 없이, 또는 경쟁의식에서, 남의 말이 귀에 걸려 시주를 합니다. 또 복을 받겠다는 마음으로 시주를 합니다. 그런데 앞에서도 언급하였듯이, 불보살상을 모시는 데는 서로 돈을 내려 하면서, 길을 닦고 화장실을 만드는 데는 선뜻 시주를 하려는 이가 드뭅니다.

이것이 참된 시주입니까? 참된 복짓기입니까? 큰 복을 지으려면 집착을 버려야 합니다. 나에게 돌아올 바에 대한 집착을 버려야 합니다. 대상과 나의 주관에 얽매이고 결과에 집착하면 오히려 고통의 과보를 초래하게 되므로, 버리고 비우는 행을 통하여 참으로 자유롭고 행복한 길로 나아가라는 것이 부처님의 가르침입니다.

그런데도 우리는 복을 짓는 척만 할 뿐 제대로 복을 짓지 못 합니다. 집착을 비우는 척만 할 뿐 제대로 집착을 비우지 못합니다. 물질은 주었어도 마음으로는 그것을 꼭 붙들고 있는 이가 많습니다.

돈을 주었으면 돈을 준 것으로 끝내야 하는데, 그 돈을 쓴 결과에까지 신경을 씁니다. 이렇게 되면 돈 그 자체에, 그리고 돈을 준 대상과 돌아올 결과에 얽매이는 꼴 밖에 되지 않습니다.

그러므로 복을 지었으면 바로 그 순간에 집착을 버려야 합니다. 절이든 복지단체든 그 누구에게 복을 지었든, 복을 지은 즉시 입을 닫고 마음을 비워야 합니다.

흐뭇한 감정까지 몽땅 버리라는 것은 아닙니다. 우러나오는 기쁨까지 억누르라는 것은 아닙니다. 그러나 자랑은 하지 말아야 합니다.

물질을 주었건 법문을 하였건 몸으로 봉사를 하였건, 복 지은 것에 대한 생각을 계속 지니고 다녀서는 안 됩니다. 복을 지었다는 생각을 비워야만 참된 복이 되고 도를 이룰 수 있는 공덕이 되기 때문입니다. 부처님께서는 늘 강조하셨습니다.

"보살은 마땅히 어떠한 상相에도 집착함이 없이 복을 지어야 하느니라. 무슨 까닭으로 상에 집착함이 없이 복을 지으라고 하는 것인가? 상에 집착함이 없이 복을 지어야 가히 헤아릴 수 없는 큰 복덕을 얻게 되기 때문이니라."

상相! 부처님께서는 상에 집착하지 않으면 원하는 행복만이 아니라, 한없이 큰 행복을 이룰 수 있다고 하셨습니다.

무주상보시無住相布施

그렇다면 상相이란 무엇인가? 상은 모양입니다. 물질적인 모양을 갖춘 것〔色〕만 상이 아니라, 소리〔聲〕·향기〔香〕·맛〔味〕·감촉〔觸〕도 상이며, 고착된 생각 또한 형체 없는 상입니다. 곧 '내가 부모'라는 생각도 상이요, '저 아이는 내 자식'이라는 생각도 상이며, '내가 저 아이에게 무엇을 해줬다'는 생각도 상입니다.

'내가', '누구에게', '무엇을 해주었다' 이 셋 중 하나만 남아 있어도 상에 집착하는 것이며, 부처님께서는 '이 세 가지 상을 모두 떠나 복을 지어라'고 가르쳤습니다.

물론 이것은 쉬운 일이 아닙니다. 상을 비우기는 참으로 어렵습니다. 그런데도 부처님께서는 '상에 집착하지 않고 복을 지을 것'을 강하게 권하셨습니다. 왜 그랬을까요?

그 까닭은 상에 집착함이 없이 복을 지어야 그 복덕이 헤아릴 수 없이 커지기 때문이라는 것이었습니다. 이 말씀이 이해가 됩니까?

사실 이 대우주법계에는 무한의 행복과 무한의 영광이 가득 차 있습니다. 그런데도 우리는 나 스스로가 만든 상으로 마음의 문을 닫아 대우주의 무한한 영광과 행복과 평화를 거절하며 살고 있습니다. 스스로가 문을 닫아 불행하고 괴롭고 슬프게 만든 것일 뿐, 그 누가 있어 그렇게 만든 것이 아닙니다.

따라서 '나'라는 상에 집착하여 일으킨 욕심과 성냄과 어리석음을 비우며 살게 되면 대우주의 무한 행복과 영광이 나에게로 옵니다.

잊지 마십시오. '나'라는 상에는 부모라는 상, 자식이라는 상, 윗사람이라는 상, 아랫사람이라는 상, 불자라는 상, 스님이라는 상, 속인이라는 상, 공부를 많이 했다는 상, 공부를 적게 했다는 상 등등이 모두 포함되며, 이러한 상들이 대우주의 무한행복을 차단시킵니다.

그리고 이러한 상에 얽매어서 복을 지으면 훗날 조그마한 복은 받을지언정, 무한행복이라는 큰 복으로는 이어질 수가 없습니다. 만약 조그마한 복 받음으로 만족한다면 집착 속에서 복을 지어도 괜찮지만,

무한행복을 원한다면 자꾸자꾸 집착을 비우는 노력을 기울여야 합니다.

복 짓는 일 중에서 가장 앞에 있는 보시를 예로 들어 이야기하겠습니다.

보시가 무엇입니까? 베푸는 것입니까? 물론 베푸는 것입니다. 베풀어서 남을 이롭게 하는 것입니다. 동시에 보시는 버리고 벗어버리는 행위입니다. 나와 내 것을 비우고 버리는 행위입니다.

따라서 불교에서는 상에 집착함이 없는 허공과 같은 마음으로 보시를 하라고 가르칩니다. 보시를 하면서 집착 없고 텅 빈 마음을 가질 수 있으면 한량없는 복덕을 저절로 이루고 마침내는 해탈을 할 수 있기 때문입니다. 『금강경』에는 다음과 같은 구절이 있습니다.

"수보리야, 네 생각은 어떠하냐? 동쪽 허공의 크기를 가히 헤아릴 수 있겠느냐?"

"헤아릴 수 없나이다, 세존이시여."

"그렇다면 남쪽·서쪽·북쪽 등의 허공과 동

남·서남·동북·서북쪽과 위·아래 허공의 크기
는 가히 헤아릴 수 있겠느냐?"

"헤아릴 수 없나이다, 세존이시여."

"수보리야. 보살이 상에 집착함이 없이 베푸는
무주상보시無住相布施의 복덕 또한 이와 같아서, 가
히 헤아릴 수가 없느니라."

실로 허공의 크기는 상상할 수 없습니다. 그런데
이 금강경의 말씀처럼 상에 집착함이 없이 허공과 같
은 마음으로 보시를 하거나 복을 짓게 되면 대허공과
같은 크기의 행복과 영광이 나에게로 오게 되어 있습
니다.

큰 복 쌓기가 어찌 쉬우랴

그러나 내가 '보시를 했다', '내가 누구에게 복을
짓는다' 는 상이 붙고 집착이 붙을 때에는 그저 자그
마한 복이 될 뿐입니다.

상대방이 잘났기 때문에, 내 마음에 들기 때문에

베푸는 것은 거래의 일종일 뿐 참된 복짓기가 아닙니다. 더욱이 내 욕심을 채우기 위해, 내 가족의 욕심을 채우기 위해 보시를 하고 기부를 하고 노력봉사를 하는 것이라면, 어찌 참다운 행복으로 연결이 되겠습니까?

또한 집착과 욕망과 기대가 가득한 마음으로 보시를 하거나 불사에 동참하거나 복지시설에 기부를 하는 복을 지었다면 인과응보 수준 이상의 행복을 이룰 수는 없습니다.

그리고 가족에게 이바지할 때도 '우리 부모니까, 내 자식이니까 해준다'는 생각을 갖거나 '뒷날 덕을 보겠다'는 생각으로 베푼다면 서로가 빚을 갚는 것 이상의 큰 복덕은 결코 다가오지 않습니다.

그러나 집착 없는 순수한 마음, '정성 성誠' 하나로 깨끗하게 실천하는 행이면, 눈 밝은 사람이 밝은 햇빛 아래에서 사물을 보듯이 큰 복덕이 또렷하게 모습을 나타내는 것입니다.

여러 불경 속에는, 부처님께서 무한의 행복과 무한의 공덕을 제쳐놓고 욕망과 감정과 집착 때문에 잘

못 살고 있는 우리를 꾸지람하는 내용들이 많이 있습니다. 하지만 세상살이를 하면서 이러한 가르침대로 살기란 참으로 어렵습니다. 오랫동안 욕망과 감정과 집착 속에서 살아온 잘못된 습관을 버리기가 쉽지 않기 때문입니다.

그러나 지금도 늦지 않았습니다. 지금이라도 마음을 다잡고, 우리가 진짜 나라고 착각을 하고 있는 '나', 욕망과 감정과 집착에 쌓인 나를 조금씩 비워보십시오. 이 거짓된 나가 무한행복과 무한공덕을 가로막는 원수입니다.

더 이상 원수를 기르고 감싸고 아끼지 마십시오. 이 이기적인 '나'가 나를 망칩니다. 이 나와 일체 대상에 대한 욕망과 집착과 기대를 놓아버리고, 봄이 되면 모든 초목들에게 잎과 꽃을 피워 주는 봄바람처럼 무주상의 삶을 살아야 무한행복을 누릴 수 있습니다.

거듭 강조하지만, 진정으로 나를 살리고 남을 이롭게 하고자 한다면 오직 무주상無住相으로 해야 합니다. 집착을 하지 않고 보상을 바라지 않는 마음으로 복을 지어야 합니다.

물론 이것은 어렵습니다. '내가' '누구에게' '무엇을 베풀었다' 는 생각이 없는 무주상보시를 할 수 있다면, 그는 이미 중생의 경지를 훨씬 넘어선 분입니다. 하지만 처음부터 무주상만 강조하다 보면 복짓기나 보시 자체에 대한 회의마저 느낄 수 있습니다.

그러므로 처음부터 무주상을 고집하거나 강요할 일이 아닙니다. 우선은 무주상 보다 복 짓고 베푸는 것이 중요합니다. 자꾸자꾸 복짓고 베푸는 연습을 하는 것이 중요합니다. 나와 남의 마음을 열고 서로를 살리는 복짓기를 끊임없이 행하다 보면, 언젠가는 저절로 무주상 복짓기, 무주상보시가 이루어집니다.

그리고 복 짓고 베풀다가 상이 일어나고 자랑하고 싶은 마음이 일어나거든 '감사하는 마음' 을 가져보십시오.

❀

옛날 어느 조그마한 절에 청출淸出이라는 고승이 있었습니다. 도력 높고 법문까지 잘하는 스님을 친견

하기 위해 승려는 물론이요 신도들도 많이 찾아왔습니다. 자연, 절을 증축하지 않을 수 없게 되었고, 이 소식을 들은 큰 부자가 돈궤에 금화 5백 냥을 담아와서 시주하였습니다.

"스님, 이 속에 있는 금화 5백냥으로 많은 건물을 지어, 모든 사람들이 편안하게 법문을 듣고 수행을 할 수 있도록 해주십시오."

"알겠습니다. 그렇게 하지요."

하지만 스님은 금화를 넣어 놓은 궤짝을 열어 보지도 않았고 감사의 말도 하지 않았습니다. 부자는 스님의 태도가 불만스러워 넌지시 말했습니다.

"스님, 이 궤짝 속에는 금화 5백 냥이 들어 있습니다."

"이미 말씀하셨지 않소?"

"스님, 금화 닷 냥이면 보통 사람이 일 년을 먹고 살 수 있습니다. 제가 부자라고는 하지만, 금화 5백 냥이 결코 적은 돈은 아닙니다."

"내가 '감사하다'는 말을 해주기를 바랍니까?"

"예. 스님."

"왜 내가 그대에게 감사를 해야 합니까? 베푸는 사람이 '감사하다' 고 해야지."

♪

복을 짓는 보시를 하면 대부분은 이 부자처럼 감사의 인사를 듣고자 합니다. 상에 사로잡히는 것입니다. 그러나 보시를 하거나 복을 지으면서 감사하는 마음을 갖게 되면 그릇된 상이 사라집니다.

참으로 보시나 복짓기는 감사하는 마음으로 해야 합니다. 감사하는 마음으로 베풀고 복을 지으면 베푸는 자에게 생겨나기 쉬운 허물이 저절로 사라집니다. '내가 · 누구에게 · 무엇을 베풀었다' 며 자랑하고 싶은 마음이 사라져서 무주상을 유지할 수 있습니다. 적어도 감사하는 마음을 가져, 내 속에서 솟아나는 아상을 잘 다스렸으면 합니다.

이제 마무리를 짓겠습니다.

무주상으로 복짓기. 허공을 측량할 수 없듯이, 상에 집착하지 않고 행하는 무주상의 복덕 또한 측량할 수가 없습니다.

꼭 기억하십시오. 큰 복을 이루게 하는 골자는 무주상無住相입니다. 무주상이라야, 무주상으로 복을 지어야 무한행복을 이루게 된다는 것입니다.

그런데, 이렇게 무주상을 강조하다 보니 '모든 상을 부인하는 것이 아닌가? 복을 베푸는 것 자체도 할 필요가 없는 것이 아닌가?' 하는 의문을 갖는 사람도 있습니다.

그러나 무주상은 부정이 아닙니다. 중생들이 이제까지 살아오면서 복을 짓는 보편적인 모습〔相〕을 내려놓아 참된 행복을 찾고 무한행복을 누리게끔 하자는 것입니다.

상相에 집착하지 않는 무주상의 복짓기! 이것이 결코 쉽지는 않겠지만, 상에 머무르지 않고 상 비우기를 자꾸자꾸 하다 보면 나도 모르는 사이에 상이 조금씩 조금씩 떨어져 나가게 됩니다. 그리고 상이 떨어져 나가는 만큼 행복한 삶을 유지할 수 있게 되고, 마침내는 부처님께서 누리는 무한행복까지도 성취할 수 있게 되는 것입니다.

우리 모두 진심과 정성으로 무주상의 복을 지어,

대자유와 대평화와 대자비가 충만된 무한행복을 누리시기를 두 손 모아 축원 드립니다.

나무마하반야바라밀.

제4장

행복과
기도

정성껏 하면 저절로 통한다

기도는 신심信心이다

불행을 행복으로 바꾸고, 이룬 행복을 계속 유지하는 것. 이것은 결코 쉬운 일이 아닙니다.

그럼 어떻게 해야 하는가? 잘 살기를 포기하고 불행하게, 그리고 흘러가는 대로 살아야 하는가? 아닙니다. 그때 필요한 것이 기도祈禱입니다. 마음을 잘 모아 기도를 하면서 살아야 합니다.

왜 기도를 하라는 것인가? 무엇보다 기도가 '나'의 중심을 잡아주기 때문입니다. 번뇌 따라 이기심 따라 흘러다니는 나를 붙잡아서 안정된 자리에 있게 하기 때문입니다.

우리가 어려움에 처하거나 방황을 할 때 기도를 하겠다고 결심을 하면, 결심을 한 자체만으로도 중심이 잡히기 시작합니다. 마치 의존할 데 없이 두려움에 떨면서 방황하던 이가, 자신을 잡아주고 구해 줄 존재가 옆에 있다고 확신을 하는 것만으로도 두려움이 줄어들고 안정을 되찾기 시작하는 것과 같습니다.

이렇게 안정을 되찾기 시작하면 불행의 길을 벗어나 행복의 길로 들어서기 시작합니다. 하지만 걱정이나 번뇌에 사무쳐 계속 마음이 흔들리게 되면 행복 또한 요원해집니다.

그러므로 기도를 시작하면 흔들림 없는 신심을 지니고 해야 합니다. '불보살님께서 틀림없이 해결해 주신다' 는 굳건한 믿음으로 임하여야지, '이 기도가 될까? 과연 가피가 있을까?' 하면서 기도하면 될 기도도 되지 않습니다.

신심信心은 주춧돌이요, 주춧돌이 흔들리면 행복의 집을 지을 수 없습니다. 반대로 굳건한 믿음으로 정성껏 기도하면 소원을 성취하지 못할 까닭이 없고, 행복의 집을 짓지 못할 까닭이 없습니다.

약 30년 전까지, 대구 약전골목에는 유명한 대남한의원이 있었습니다. 대남한의원은 대한불교조계종 경상북도 신도회장을 역임한 여동명 거사가 경영했던 한의원으로, 여동명 거사의 생존시에는 전국적으로 이름을 날렸는데, 여동명 거사의 성공 뒤에는 어머니의 큰사랑이 숨어 있었습니다.

일찍이 남편과 사별한 어머니는 외아들 여동명을 한의사로 만들 작정을 하였습니다. 당시에는 한의대나 한의원이 없고 한약방만 있었던 시절이었으므로, 그녀는 아들을 한약방의 종업원으로 보내 한의학을 익히게 했습니다.

처음 일을 한 한약방에서 배울 것이 없게 되었을 때 어머니는 다른 한약방으로 아들을 보내 의술을 익히게 하였고, 그곳에서 배울 만큼 배우게 한 다음에 또다른 한약방으로 보내었습니다.

"이제 독립해서 한약방을 차려도 되겠다."

세 번째 한약방의 의원이 아들의 의술을 인정하자 어머니는 아들에게 개업토록 하였습니다. 그러나 충

청도 연기군의 조그마한 마을에서 낸 한약방은 생계 유지조차 힘들 정도로 잘 되지가 않았습니다.

그때 어머니는 백일기도를 시작했습니다. 하지만 가까이에 절도 없었고 매일 절에 갈 처지가 아니었으므로, 집에서 부처님께 기도했습니다.

집안에 불상을 모시지 않았던 그 시절, 어머니는 남들이 모두 자는 한밤중에 일어나 목욕을 한 다음, 우물물을 떠서 집 뒤뜰의 판판한 돌 위에 놓고 아들 잘 되기를 축원했습니다. 매일 일정한 시간에 목욕재계를 하고 부처님께 정성껏 기도했습니다.

그러던 어느날, 정화수를 떠서 뒤뜰로 가는데 물사발이 손에 붙는 듯 했습니다. 깜짝 놀란 그녀는 순간적으로 그릇을 놓았는데, 사발이 손가락에서 떨어지지가 않았습니다. 더욱 놀라운 것은 사발을 잡은 자리에 손가락 자욱이 나서 푹 파여 있는 것이었습니다.

그날 이후 어머니는 손가락이 딱 붙었던 그 자리만 잡고 정안수를 떠서 기도를 올렸으며, 마침내 백일기도가 끝났을 때 계시가 있었습니다.

"아들을 데리고 남쪽으로 가서 '큰 대大' 자가 든 고을에 머물러라. 그곳에 가면 너의 아들이 성공하리라."

아들과 함께 고향인 연기군을 떠난 어머니는 대전을 거쳐 대구大邱로 왔고, 대구 약전골목에서 여동명 거사는 크게 성공을 거두었습니다.

8

여동명 거사의 어머니는 아들을 성공시켰을 뿐 아니라, 평온하게 말년을 보내다가 아주 거룩한 죽음을 맞이하였고, 살아생전에 예언한 세 가지가 그대로 맞아 들어가는 기적을 보였습니다.

과연 이것이 무엇의 힘인가? 바로 기도의 힘입니다. 어떤 기도의 힘인가? 정성스런 마음으로 기도한 힘입니다.

결코 잊지 마십시오. 누구라도 정성껏 기도하면 영험은 언제나 나타나게 되어 있습니다. 신심으로 정성껏 기도하면 소원도 성취되고, 현재의 행복도 미래의 행복도 보장됩니다.

갖가지 업보와 얽힌 인연 때문에 고통 받는 이 사바세계에서, 행복하게 살기를 바란다면 정성껏 기도해 보십시오. 정성껏 기도하면 반드시 평화와 행복과 지혜의 길이 열립니다.

적당히 하는 기도로는 안 된다

그럼 어떻게 해야 '정성껏 기도한다' 고 하는가?

기도 중의 어려움이나 게으른 생각 등과 타협하지 않고 마음을 하나로 모아간다는 것입니다. 적당히 하는 나름대로의 기도나, 요행을 바라면서 기도하지 않는다는 것입니다. 요행을 바라고 적당히 나름대로 하는 기도. 이러한 기도는 절대로 통하지 않습니다.

❀

조선시대 영조 때의 일입니다. 강원도 강릉에 살았던 성成씨 총각은 과거를 보기 위해 한양으로 가다가 가평 현등사懸燈寺에 이르렀습니다. 성씨 총각은 오랫동안 비어 폐사가 되다시피 한 현등사 법당 앞에서

지고 다니던 솥냄비에 밥을 지었습니다.

그리고 막상 먹기 시작하려는데 법당 안의 부처님이 보였으므로, 부처님 전에 밥 한 그릇을 올려 놓았습니다. 하지만 양반 체면에 절을 할 수는 없고 과거에는 자신이 없고 하여 퉁명스럽게 내뱉었습니다.

"어이, 부처. 내 밥 먹고 과거에 합격시켜 줘."

물론 성씨 총각은 과거에 낙방했습니다. 힘없이 고향으로 돌아가다가 다시 현등사에서 하룻밤을 머물게 된 성총각은 부처님을 보며 원망했습니다.

"누렇게 해가지고 사람들 속이고 있네. 내 밥만 한 그릇 똑 따먹고…."

그날 밤, 금빛 갑옷을 입은 신장이 나타나 성총각을 발로 짓밟으며 꾸짖었습니다.

"이놈아, 누가 네 밥을 먹었다더냐? 과거에 급제할 자신이 없으니까 요행을 바라면서 밥을 올린 주제에, 왜 허물을 부처님께로 돌려? 네 놈이 지나가는 사람에게 밥 한 숟갈이라도 준 일이 있느냐? 도대체 공덕이라고는 지은 것이 없는 놈이 무슨 원망이냐?"

총각은 가위에 눌려 깨어났고, 생각해보니 신장의

말이 조금도 틀리지 않았습니다. 고향집에 도착한 성총각은 아버지께 현등사에서 있었던 일을 아뢰었고, 아버지는 뜻밖의 말씀을 하셨습니다.

"그 절의 부처님과 너와는 인연이 있는가 보구나. 네가 장가 갈 때 쓸 돈을 지금 미리 줄 테니, 가지고 가서 그 절을 중수해라. 절을 고친 다음에는 아침저녁으로 예불을 올릴 스님을 모셔다 놓고 글을 읽어라. 틀림없이 과거에 급제할 것이다."

성총각은 아버지의 말씀대로 절을 고치고 스님을 모셔 아침저녁으로 함께 예불을 올리면서 3년 동안 글을 읽었습니다. 마침내 성총각은 대과大科에 급제하였고, 나라에서는 그 사연을 듣고 '대선급제사大選及第寺'라는 편액을 하사하였습니다.

§

이 이야기가 일러주듯이 기도는 정성으로 하는 것입니다. 마음에서 우러나오는 기도를 해야지, 적당히 요행을 바라고 기도를 하면 이루어지는 것이 없습니다.

'어이 부처, 내 밥 먹고 과거에 합격시켜줘.'

이런 식의 기도로는 어림도 없습니다. 제 혼자만의 판단으로 '요만큼만 하면 되겠지' 하면서 기도하면 될 수가 없습니다. 반대로 정성으로 기도하면 꼭 소원을 성취하고 행복을 이룰 수 있습니다.

똘똘 뭉친 정성으로 기도를 하면 나무나 돌이나 흙으로 만든 부처님으로부터 영험이 저절로 나옵니다. 아니, 불상이 없어도 가피가 쏟아집니다. 견실한 신심으로 정성 모아 기도하면 부처님과 반드시 통하게 되어 있습니다.

부디 요행이나 나의 편안함에 맞춘 적당한 기도를 하지 말고, 믿음의 주춧돌을 견고히 놓아 정성껏 기도하십시오. 기도하는 시간의 길고 짧음보다, 절을 하는 횟수의 많고 적음보다, 마음을 잘 모아 염불을 하거나 정성을 다해 한배 한배 절을 올리는 것이 중요합니다.

물론 기도 방법은 염불이나 절이 아니어도 괜찮습니다. 다라니를 외우든 경전을 외우든 사경을 하든 부처님을 관하든 상관이 없습니다. 초점은 형식적으

로 행하는 것이 아니라 마음을 잘 모아 기도하는 것
입니다.

잘 안 될지라도 열심히 하십시오. 처음부터 마음을
잘 모아 기도할 수 있는 사람은 흔치 않고, 기도하는
시간 내내 마음을 잘 모을 수 있는 사람도 드뭅니다.
그리고 여러 날 기도를 하다 보면 기도에 대한 회의
도 일어날 수 있습니다.

그렇지만 이 모든 것을 극복하고 기도해야 합니다.
물러서지 말고 포기하지 말고 억지로라도 하십시오.
나 스스로 나를 격려하면서 억지로라도 나아가면 능
히 극복할 수 있습니다.

정성을 모으면서 꾸준히 나아가면 차츰 익숙해지
고, 머지않아 일념의 차원을 이루어 원을 성취하고
행복하게 살 수 있게 된다는 것을 명심하시기 바랍니
다.

가정의 행복을 여는 기도

진짜 가정의 행복을 바란다면

요즘 사람들에게 '무엇을 가장 바라느냐'고 물으면 단연 '가족의 건강과 행복'이라고 합니다. 그런데 '어떻게 해야 가족이 행복해지는지'를 물으면 확실하게 답을 하는 사람이 드물고, 대충 경제적인 풍요를 많이 이야기합니다.

만약 가족의 행복을 진실로 바란다면 무엇보다 먼저 '나'를 비워야 합니다. 나의 욕심을 비워야 합니다. 나의 배짱대로, 나의 기분대로, 나의 성질대로 살아서는 안 됩니다. 그리고 말과 행동을 하기 전에, '이것이 내 욕심을 채우려고 하는 것은 아닌지'를 먼

저 생각해보아야 합니다.

나를 앞세우고 욕심을 앞세우고 감정을 앞세워서, 내 생각대로 내 배짱대로 내 기분대로 해버리면, 반드시 후회와 한을 남기게 됩니다. 따라서 가족들과 대화를 하고 상의를 해야 합니다. 대화를 하면 이해를 하지만, 대화없이 혼자 저지르면 오해를 합니다.

결코 '나'를 중심에 두고 마음대로 하려 하지 마십시오. 남편과 아내와 아들딸과 부모님을 배려하고 보살피는 속에서 기쁨을 찾고 즐거움을 찾고 행복을 찾아야 합니다. 이렇게 사는 것이 부처님께서 가르쳐주신 무아無我의 삶입니다.

내 욕심 채우는 쪽으로 삶을 살아가면 아무것도 되는 일이 없습니다. 내 욕심 충족시키는 것을 행복으로 삼으면, 부부의 화합도 부모자식의 화합도 집안의 번창도 기대할 수가 없습니다.

우리는 아득한 옛적부터 수많은 몸을 받으며 윤회를 거듭해왔습니다. 그 무수한 생애동안 갖가지 업을 짓고 갖가지 버릇을 익히며 살아왔습니다. 그렇다면 지금의 '나'는 무엇입니까? 수많은 생애동안 익혔던 버릇과 지은 업으로 똘똘 뭉쳐져 있는 존재가 바로 지금의 나입니다.

따라서 지금의 나에게는 무수한 생을 살면서 얽고 맺고 품었던 일들, 가슴에 못으로 박혔던 말들, 서로 해치고 못살게 굴었던 행동과 마음 씀씀이가 시도 때도 없이 바깥으로 표출되고 있습니다. 전생의 버릇따라 살고, 전생의 업을 되갚으며 살고 있습니다.

과연 이러한 나를 진짜 나라고 할 수 있습니까? 아닙니다. 절대로 아닙니다. 지금 이곳에 실재하는 진짜 나는 없습니다. 인연따라 존재하는 나만 있을 뿐입니다. 그래서 부처님께서 '무아無我'다, '공空이다' 하신 것입니다.

그러므로 우리가 지금 잘 살기 위해서는 과거의 얽히고 설킨 인연, 서로가 맺은 응어리를 잘 풀어야 합니다. 나 중심의 생각과 말과 행동으로 맺은 인연과 맺힌 업을 풀어야 합니다.

그럼 어떻게 해야 풀리는가? 풀기 위해서는 나의 욕심대로 하면 안 됩니다. 내 한 몸 편한 쪽으로 해서도 안 됩니다. 인연 깊은 분들, 특히 지금의 가족·스승 제자·노사관계에 있는 분들을 어떻게 편안하게 해드리고, 받들어 드리고, 이바지해 드릴까를 생각하고 실천하는 속에서 기쁨과 보람을 느끼며 살아야 합니다.

이렇게 살면 과거의 얽히고 설킨 것들이 저절로 풀어지면서, 현재의 삶이 편안하고 행복해집니다. 절대로 내 마음과 내 욕심을 기준으로 삼아 살아서는 안 됩니다.

아내가 내 마음에 들지 않을지라도 외면하면 안 됩니다. 남편이 나의 욕심을 충족시켜주지 못할지라도 바가지를 긁어서는 안 됩니다. 자식이 나의 뜻을 따라주지 않을지라도 잔소리를 하고 구박을 하여서는 안 됩니다. 오히려 그때 자신을 돌아보고 그들을 위해 축원을 해줄 수 있어야 합니다.

업과 윤회의 결과로 이루어진 현재의 내 모습은 '나'라고 할 것이 아무것도 없습니다. 마치 공중에 떠 있는 상태와 다를 바가 없습니다. 어찌 지금 또 다시 나의 욕심으로 성질대로 살아, 더 모질고 고약한 인연을 맺을 것입니까?

내가 서울 사당동 관음사에 있었을 때 만난 할머니 이야기입니다. 나의 법회에 참석하였던 그 할머니는 29세에 과부가 되었습니다. 아들딸 5남매를 남겨두고 남편이 저세상으로 가버린 것입니다. 하늘이 무너지고 땅이 꺼지는 듯 하였던 그녀는 모든 의욕을 잃어버리고 멍청한 상태로 죽은 듯이 살았습니다. 금쪽같은 5남매도 눈에 들어오지 않았습니다.

"그때 친정어머니의 보살핌이 없었다면…."

그녀는 눈물을 흘리며 당시를 회고했습니다.

"아이들은 모두 어렸습니다. 엄마인 제가 넋이 빠져 있었으니, 조금 자란 아이들은 배가 고프다며 돌아다니다가 도둑질을 하였을지 고아원에 갔을지 교통사고로 죽었을지 모르는 일이고, 젖먹이는 굶어 죽었을 것입니다. 그런데 친정어머니께서 아이들을 모두 보살펴주셨지요. 저도 마찬가지였습니다. 먹는 것도 잊고 멍하게 있는 저에게, '죽으려고 그러느냐? 제발 좀 먹어라' 며 입에 음식을 넣어주는 어머니의 성화 덕분에 한 숟가락 두 숟가락 받아먹고 살아났습니다."

그렇게 한고비 한시름을 넘기고 나자 한 생각이 그녀의 가슴에 꽉 맺히는 것이었습니다.

'이 사람이 무엇 때문에 5남매라는 큰 짐을 나에게 남겨놓고 가버린 것일까? 도대체 왜?'

앉으나 서나 누웠거나 일을 하거나, 가슴에 이 의문이 맺혀 떠나지 않았습니다. 하지만 그 의문은 풀리지 않았습니다. 도저히 그 까닭을 알 수도 이해할 수도 없었습니다. 그렇게 만 3년이 지난 어느날 아침, 전생의 일이 확연히 보였습니다. 영화를 보듯이 모든 영상이 눈앞에 펼쳐져 차례대로 지나갔습니다. 순간 그녀는 깨달았습니다.

'아, 내가 그렇게 했기 때문에 지금 이 과보를 받게 되었구나. 이 아이 다섯을 홀로 키우는 것은 지금의 내 책임이다. 만약 이 책임을 다시 회피하면 다음에 더 큰 짐덩어리가 온다.'

자신의 업을 알게 된 그녀는 그날부터 열심히 5남매를 키웠습니다. 갖은 고생, 모진 고통을 감수하면서 최선을 다했습니다. 그야말로 몸 파는 일만 제외

하고 할 수 있는 일은 모두 다하였으며, 마침내 아들 셋, 딸 둘을 모두 박사로 키웠습니다.

그녀는 법회가 끝나면 곧바로 집으로 갔습니다. 꼭 한마디 인사말을 남기면서.

"스님, 빚덩어리가 아직 남았어요."

§

이 세상은 빚덩어리 주고 받는 현장입니다. 배구경기에서 이쪽에서 공을 치면 저쪽에서 받아넘기고, 저쪽에서 공을 넘기면 이쪽에서 다시 살려 넘기듯이, 세상살이의 빚덩이는 끝없이 오고 갑니다. 지나간 시절에 부모·형제·배우자·친구에게 빚덩이를 짊어지게 하였으면 지금 나에게 와서 떨어지고, 지금 또 빚덩어리를 던져넘기면 거기에 이자가 붙어 더 큰 멍에가 나에게로 떨어집니다. 눈을 뜨고 보면, 이 세상은 그야말로 빚덩어리 떠넘기기의 현장입니다.

"스님, 빚덩어리가 아직 남았어요."

인연법에 눈을 뜬 5남매의 어머니는 법회가 끝나면 곧바로 집으로 돌아가 남은 빚을 갚습니다. 청소도

하고 손자도 돌보고 집안 살림도 보살핍니다. 나의 욕심에 사로잡히지 않고 빚을 갚으면서 끝없이 향상하며 평화롭고 행복한 삶을 살아가는 것입니다.

가족을 위한답시고

행복해지는 기도를 잘 하려면 '정성껏'과 함께 조금씩 '나를 비우면서 살고 나를 비우면서 기도' 하여야 합니다.

하지만 보통의 중생은 '나'에 얽매여 살아갑니다. 너무나 나를 사랑하기 때문에 '아상我相'이라는 멍에를 스스로 짊어지고 살아갑니다. 그리고 나의 멍에가 너무나 무겁고 힘든 것인데도 나를 벗을 줄을 모릅니다. 오히려 큰 멍에를 짊어진 내가 잘났다며 살아갑니다.

물론 이 경쟁사회에서 남보다 잘난 맛이 없다면 오히려 살맛이 나지 않을지도 모릅니다. 하지만 나에 대한 집착〔我執〕과 나의 교만〔我慢〕은 나의 보리심과 나의 바라밀을 방해할 뿐 아니라, 나와 내 주위의 행복을 가로막아 버립니다. 그러므로 부처님께서는 '나를 비워라'고 하셨고, 이 산승 또한 나를 비우며 기도할 것을 강조하고 있는 것입니다.

과연 나에 대한 집착은 얼마나 강한 것일까? 기도를 예로 들어봅시다.

어머니들은 절에 와서 기도를 할 때 자신을 위한 기도를 잘 하지 않습니다. 자신보다는 '집안 편안하고 남편 건강하고 아들 딸 잘 되게 해달라'고 기도합니다. 그리고 그들의 소원이 이루어지게 해달라고 기도합니다. 나보다는 가족을 앞세우는, '어머니의 거룩한 기도'라 하지 않을 수 없습니다.

문제는 집으로 돌아온 뒤 발생합니다. 절에서의 거룩한 기도와는 달리 남편이 마음에 들지 않게 행동하면 곧바로 바가지를 긁습니다.

"당신 때문에 못 살겠어. 도대체 왜 그래요?"

또 아들이나 딸이 눈에 차지 않게 행동하면 곧바로 잔소리를 날립니다.

"이놈아, 하라는 공부는 하지 않고 왜 엉뚱한 짓만

하는 거야? 그러다가 대학에나 갈 것 같애?"

'내가 가장 사랑하는 가족'이라고 하면서, 이렇게 짜증을 내고 잔소리를 하여서야 어찌 참다운 기도를 하였다고 할 수 있겠습니까? 어찌 보면 내가 행한 기도는 남편과 자식을 위한 기도라기보다는 '나' 자신을 위한 기도였는지도 모릅니다.

그렇습니다. 절에서의 기도와 집에서의 행동이 다른 것은 바로 '나' 때문입니다. 사랑하는 남편·아내·자식보다 나를 더 사랑하기 때문입니다. 이 '나'가 문제입니다. 이 '나'가 들어가서 모든 것을 망쳐놓습니다. 배우자를 망치고 자식을 망칩니다.

그럼 어떻게 해야 하는가? 절에서 하였듯이, 집에서 나에게 맞지 않고 눈에 그슬리는 일이 일어났을 때에도 짜증을 부리거나 화를 내지 않고 한결같이 가족을 위해 기도할 수 있어야 합니다. 그래야만 다생 다겁 동안 나로 말미암아 생겨난 업장이 녹아내리면서 행복이 쌓이게 됩니다.

우리가 '나! 나!'라고 주장하는 지금의 '나'는 진

정한 나가 아닙니다. 인연 따라 움직이고 다생다겁 동안 익혀온 버릇 따라 움직이는 믿을 수 없는 나입니다.

따라서 이러한 '나'를 믿고 사랑하고 '나'에게 끄달려 사는 동안에는 복된 삶을 이루기가 힘이 듭니다. 행복이 아니라, 자기애自己愛에만 더욱 깊이 빠져들 뿐입니다. 그래서 부처님께서는 "나에 대한 집착과 나의 욕심을 비우라."고 하셨습니다. 다생다겁의 버릇과 인연따라 움직이는 나를 비워버려야 참된 나가 발현된다고 하셨습니다.

그러므로 가족을 위해 기도를 할 때도 '나'에 맞춘 기원을 하여서는 안 됩니다. 가족을 위한답시고 다생의 버릇따라 움직이는 거짓 '나'의 마음에 맞는 기도를 하여서는 안 됩니다. 나에게 맞춘 기원이나 나의 욕심으로 기도를 하면, 가족이 내 기원과 맞지 않는 방향으로 나아갈 때마다 실망하고 화를 내고 멀어지지 않을 수 없게 되는 것입니다.

부디 가족 등 남을 위해 기도할 때 나를 벗어버리고 기도하십시오. 내 욕심이 아니라 상대가 진실로

원하는 바를 향해, 그리고 바르고 맑고 밝은 가족의 삶을 위해 한결같이 기도하십시오. 그렇게 하면 시간이 지남에 따라 모든 업장이 녹아내리면서 나와 가정과 주위에 평화와 기쁨이 깃들게 됩니다.

집착과 욕심을 내려놓아라

만약 나를 비운 기도를 할 수 없다면 소원성취 기도보다는 참회를 하십시오. 절에서나 집에서나 참회를 하십시오.

욕심이 발버둥 치는 기도를 하거나 기원을 하기보다는, 나를 백지로 돌리고 나를 비우는 실천이 앞서야 합니다. 나를 비우는 공空의 법문, 이것이 부처님께서 일관되게 가르치는 핵심법문임을 잊지 말아야 합니다.

그런데 여기까지 이야기하면, '내가 어떻게' 라고 하는 불자들이 많습니다. 나아가 '나와 내 욕심을 비우고 어떻게 살 수 있나?' 를 걱정하는 이들도 있습니다.

하지만 부처님께서 깨달은 법계의 원리에서 보면 조금도 걱정할 일이 아닙니다. 우리가 살고 있는 대우주에 무한한 행복과 영광이 가득 차 있기 때문입니다. 그럼 어떤 이는 질문을 할 것입니다.

"대우주에 무한한 행복과 영광이 가득한데 왜 우리는 잘 살지를 못하는 것인가?"

바로 나에 대한 집착과 욕심 때문입니다. 아집과 욕심이 가득하고 번뇌망상이 가득하기 때문입니다. 또 질문을 할 것입니다.

"왜 우리는 대우주에 가득한 행복과 영감을 보지 못하는가? 보이면 확신을 하여 나를 비우고, 번뇌망상이나 욕심 없이 살 것인데."

역시 대답은 같습니다. 나에 대한 집착과 욕심에서 파생된 집착 때문에 보지를 못합니다. 아집과 욕심이 대우주에 가득한 영광과 행복이 나에게로 오는 것을 차단시켜 버리기 때문입니다.

실로 우리는 하루하루를 '돈·명예·출세·성공·행복' 등을 갈구하며 살고 있습니다. 그리고 이 욕심을 충족시키기 위해 일생을 허비합니다. 하지만 수십 년을 살아보고 난 지금, 어떻습니까? 지금의 돈과 명예와 출세와 성공과 행복에 만족하십니까? 대부분은 아닐 것입니다. 아직도 부족하고 아직도 그 굴레에서 벗어나지 못하고 있을 것입니다.

그러므로 참으로 부유하고 떳떳하고 행복하고 평화롭게 살기를 원한다면, 무엇보다 먼저 아집과 욕심을 놓아버려야 합니다. 눈 앞을 가리고 있는 아집과 욕심을 벗겨버려야 합니다. 놓아버리고 벗겨보십시오. 대우주에 가득 차 있는 영광과 행복이 저절로 찾아듭니다. 대우주의 무한한 영광과 행복이 나에게로 다가옵니다.

부디 아집과 욕심을 비우고 부처님 앞에 서십시오. 내 가슴에 얽힌 '나와 남의 벽'을 무너뜨리고 주위의 분들을 돌아보며 기도하십시오. 그분들이 나에게 얼마나 고마운 존재인지를 분명히 보고, 그분들을 향해 '잘못했습니다', '감사합니다', '소원성취하여지이다' 하면서, 참회하고 보답하는 자세로 살아가십시오. 그리고 기도하십시오.

이렇게 살면 우리의 마음은 편안해집니다. 나의 마

음이 편안해지면 집안도 편안해지고, 행복과 영광이 쏟아져 들어오게 되어 있습니다.

이것이 바로 부처님께서 가르치신 마음 쓰는 법〔用心法〕이요 기도법입니다. 욕심과 아집을 버리고 보리심을 발하며 기도하면 지나간 시간의 빚덩어리가 풀어지고 고약한 인연줄이 끊어지면서, 앞날이 참으로 평화롭게 행복하게 펼쳐집니다.

그리고 또 한 가지, '나를 비우고 기도하라'는 것은 '내 기도를 하지 말라'는 것이 아닙니다. 가족 등을 위한 기도만이 아니라 나를 위한 기도 또한 얼마든지 해도 됩니다. 어떤 때는 나의 보리심과 바라밀을 위한 내 기도가 더 소중할 때도 있습니다.

오직 비우라는 것은 '내가 누구를 위해 어떠한 기도를 하였다', '내가 어떻게 기도를 하였는데'라고 집착하는 아집과 욕심을 비우라는 것입니다. 가족이 내 마음에 들지 않고 내 뜻대로 움직이지 않을 때 일으키는 나의 아집을 비우라는 것입니다.

내 기도 열심히 하십시오. 나의 향상과 나의 성취를 위한 기도는 하지 않고 가족 기도만 하면, 반대급

부로 '내가 어떻게 기도하고 내가 얼마나 희생했는데' 라는 생각이 치솟기가 더 쉽습니다.

그러므로 가족 기도, 남을 위한 기도만 하지 말고, 나를 위해 기도하고 나의 향상을 위한 보리심을 많이 많이 발하여야 합니다. 나의 바라밀을 위한 기도를 능히 행하여야 합니다.

참회로 맺힌 것을 풀면서

나아가 나와 가족과 이웃을 위해 아집과 욕심을 비운 기도를 행하여, 맺힌 것을 풀어야 합니다. 알게 모르게 맺은 업장을 풀어야 합니다.

불교의 참회문 가운데 가장 대표적인 책은 『자비도량참법慈悲道場懺法』입니다. 10권으로된 분량의 이 책에는 "가족이 원수인 줄 알아야 한다"는구절이 많이 나오고 있습니다.

대부분의 사람들은 원수가 아무것도 모르는 남남의 사이에서 맺어지는 것으로 생각을 합니다. 하지만 큰 원수는 남남 사이보다 부모자식, 연인·부부 등

결코 무시할 수도 없고 무시당할 수도 없는 사이에 깃들게 됩니다.

나는 인연법과 인과의 도리를 깨달으면 깨달을수록 "가족이 원수인 줄을 알아야 한다"는 『자비도량참법』의 말씀이 절실하게 와 닿습니다.

가만히 생각을 해보십시오. 만일 우리의 가족들이 좋은 인연으로 만났다면 가족 때문에 속이 상하겠습니까? 아닙니다. 속도 상하지 않아야 하고 짜증도 화도 나지 않아야 하고, 불필요한 신경도 쓰이지 않아야 합니다.

허나 어떻습니까? 가족 중의 누구 때문에 화가 나고 신경이 쓰이고 짜증이 나고 속이 상합니다. 이것이 무엇입니까? 그 가족과의 사이에 좋지 않은 인연이 얽혀 있다는 증거입니다. 좋은 인연만으로 만났으면 언제나 반갑고 즐겁고 흐뭇해야 할텐데, 좋지 못한 인연도 가지고 만났으니 얄밉고 야속하고 괘씸한 생각이 일어나는 것입니다.

그런데 묘한 것은 인연이 우리의 뜻과는 관계없이 먼저 다가선다는 것입니다. 누구나가 좋은 인연을 바라지만 어느덧 나쁜 인연이 우리의 앞을 가로 막습니다. 보다 정확히 이야기하면 우리가 이미 맺어놓은 깊은 인연은 반드시 우리와 함께 하기 마련이라는 것입니다.

그러므로 우리는 언제나 지금의 인연을 가꾸며 살아야 합니다. 좋은 인연을 만났든 나쁜 인연을 만났든 그 인연을 가꾸며 살아야 합니다. 가까운 인연이라고 하여 서로에게 함부로 하여서는 아니됩니다. 가족일수록 서로 말조심하고 행동조심하고 마음가짐을 조심해야 합니다.

서로가 가깝다는 이유로 말과 행동과 생각을 함부로 할 경우, 다생다겁동안 맺었던 미움과 핍박과 원한의 업이 한꺼번에 터져나와 걷잡을 수 없는 불행 속으로 빠져들게 됩니다.

인생살이의 가장 큰 장애는 서로 간의 보이지 않는 매듭이요 마음속에 맺힌 응어리입니다. 따라서 맺힌 매듭을 풀고 응어리를 풀면 장애는 사라지고 행복은 저절로 깃들게 됩니다.

그렇다면 맺힌 매듭을 풀고 마음속 깊은 곳에 도사

리고 있는 응어리를 푸는 가장 좋은 방법은 무엇인가? 바로 참회懺悔입니다. 진심으로 참회를 하면 마음속 깊은 곳에 뭉쳐져 있던 응어리들이 저절로 풀어지고, 응어리가 풀어지면 나 자신은 물론이요 우리의 아들딸과 남편 아내 부모도 좋아집니다.

지금 마음속에 부모나 남편·아내·아들·딸·며느리·사위에 대해 괘씸한 생각이나 밉고 섭섭한 생각이 있다면 참회를 하며 풀어보십시오. 진심으로 참회하면 생각 이상으로 쉽게 풀어집니다.

가족에게 3배를

그리고 가장 간단하면서도 효과가 큰 참회법은 그 가족을 향해 매일 3배를 드리는 것입니다. 직접 그 앞에 가서 3배를 하라는 것이 아닙니다. 보이지 않는 곳에서 상대를 생각하며 3배를 올리면서 참회하면 됩니다.

불과 3배의 절과 한마디의 축원만으로도 모든 매듭이 풀리고 응어리가 녹아내립니다.

'제가 지은 모든 업장 참회합니다. 당신께서 뜻하시는 바가 꼭 성취되어지이다.'

이렇게 축원하면서 하루에 한 차례씩 가족 한 사람 한 사람에게 3배의 절을 올려보십시오. 형식적인 참회가 아닌 진정한 참회를 하게 되면, 어느 날 가슴 속에 얽히고 설킨 것들이 스르르 풀어집니다.

그리고 참회를 통하여 맺힌 것을 풀고 나면, 가족을 위해 일부러 기도를 하지 않아도 집안이 편안해지고 잘 살 수 있게 됩니다. 또한 참회를 통하여 나의 욕심과 집착이 떨어진 다음에 기도를 하면, 그 기도의 효력은 바로 나타나게 됩니다.

나이의 많고 적음이나 신분의 높고 낮음을 따질 일이 아닙니다. 잘못이 있으면 참회하고 맺힘이나 불편함이 있으면 무조건 참회하십시오.

"원수가 가족된다."

"빚이 많은 사람과 가까운 인연으로 만난다."

이 평범한 인과의 법칙, 윤회의 법칙을 긍정할 때, 우리의 참회는 쉽게 이루어지고 평안은 빨리 찾아듭니다.

부디 참회를 통하여 내 마음의 응어리부터 풀어버리십시오. 내 마음의 응어리가 풀리면 내 마음의 파도가 가라앉고, 파도가 가라앉으면 배는 순조로이 나아갑니다.

원인을 알 수 없다고 그냥 무시할 일이 아닙니다. 눈에 보이지 않는다고 자포자기할 일도 아닙니다. 전생에 맺은 매듭과 빚이 크면 클수록 불행이 큰 법이요, 불행이 크면 클수록 참회도 간절히 정성을 다해야 합니다.

단순한 3배의 절로 되지 않을 때는, 그리고 쉽게 녹지 않을 업이 있음을 감지할 때는 한가지 참회기도를 정성껏 하십시오. 천수경이나 금강경·반야심경·법화경의 독송, 관세음보살·지장보살·나무아미타불의 염불, 신묘장구대다라니·광명진언 등의 주력, 108배 등의 절, 사경을 통한 참회 중에서 한가지를 택하여 꾸준히 참회하십시오.

그냥 참회하는 것보다 염불·주력·독경·사경·절 등을 하면서 참회를 하면 불현듯 일어나는 그릇된 생각들을 쉽게 제어할 수 있습니다. 곧 그렇게 기도하는 동안은 더 이상 죄를 짓지 않을 뿐 아니라 복과 공덕을 쌓을 수 있게 되고, 불보살님과 함께 하게 됩니다.

그리고 참회를 통하여 잘못을 시인하고, 상대의 원성취와 좋은 인연을 축원하면, 지나간 시간에 지은 죄업은 더욱 빨리 녹아들고 응어리는 저절로 풀어집니다.

나아가 열심히 참회기도를 하다보면 문득 삼매에 들게 되고, 삼매에 들면 '나'라는 아상이 저절로 떨어져나가 대우주의 영광과 행복을 나의 것으로 만들 수 있습니다.

모든 허물, 모든 불행, 모든 응어리는 내가 만든 것입니다. 나의 이기심, 나의 욕심, 나의 감정이 만든 것입니다. 그러므로 이것을 풀 사람 또한 나입니다.

이기심 가득한 나가 아니라 남을 위할 줄 아는 나, 욕심에 사무친 나가 아니라 비울 줄 아는 나, 감정적인 나가 아니라 정성스런 나라야 문제를 풀 수 있습니다.

따라서 참회를 올바로 이루려면 하루에 30분 만이라도 정성을 다하면서 염불·예불·주력·사경·독경·명상 중에서 하나를 택하여 응어리부터 풀어야 합니다.

그리고 꼭 기억하십시오. 만약 참회기도를 계속하였는데 아직 내 마음의 응어리가 풀리지 않았다면, 나의 참회가 끝까지 가지 못하였고 내 기도가 끝까지 가지 못하였다는 것을 깨우쳐주는 것이므로, 중지하지 말고 더 계속해야 합니다.

참회의 끝은 행복입니다. 참회의 끝은 깊은 사랑입니다. 부디 불쑥불쑥 터져 나오는 나와 이기적인 나가 완전히 잠재워질 때까지 정성껏 정성껏 참회하기를 두 손 모아 축원드립니다.

특별한 상황이면 특별 기도를

다 맡기고 정성껏만 하라

이제 특별한 상황에 처하였을 때의 기도에 대해 이야기하고자 합니다.

기도를 하는 사람들의 바람은 각각 다릅니다. 어떤 이는 가족 편안하기를, 어떤 이는 현실적인 성취가 있기를, 어떤 이는 괴로움 · 죄업 · 죽음으로 해탈할 수 있기를 바라는 등등 그 유형은 각양각색입니다.

자연 기도인의 정성이나 기도기간 등도 그 기도인의 업장이나 상황에 따라 다를 수밖에 없습니다.

그럼 아주 특별한 경우에 처하여 기적같은 성취를 바란다면 어떻게 해야 하는가? 당연히 남다른 각오로 임해야 합니다. 이 몸이 부서져도 좋다는 자세로 임해야 합니다. 그렇게 하면 기도의 원이 이루어집니다. 반드시 기적이 일어납니다.

❀

내가 잘 아는 서울 봉천동의 보살 이야기입니다.

1980년대 초, 그녀의 남편은 3살 짜리 아들을 남겨 놓고 세상을 떠났습니다. 그녀는 아들 커가는 것을 낙으로 삼고 살았는데, 그 소중한 아들마저 6살이 되자 병이 들었습니다.

병명은 뇌막염. 의사들은 '가망이 없으니 죽음을 준비하라'고 했습니다. 그 절박함, 그 두려움…. 하지만 그녀는 포기할 수 없었습니다. 어떻게 하든 아들을 살리고 싶었습니다. 그녀는 백일기도를 발원했습니다.

'내 힘으로도 의사의 힘으로도 어떻게 할 수 없다면 부처님께 매달리리라.'

초등학교 교사였던 그녀는 아직 출가하지 않은 친정동생을 집에 데리고 와서 아들을 맡겼습니다. 그리고 하루종일 학교에서 근무를 하고, 퇴근길에 봉천동 버스정류소에 내려 관악산 중허리에 있는 암자로 올라가 1천배씩 절을 하였고, 낮에도 틈만 나면 염불을 했습니다.

"부처님, 아들을 살려주십시오."

그녀는 매일매일 정성껏 기도했습니다. 몸이 고통스럽고 어지러워 쓰러진 일도 있었지만, 백일을 하루같이 기도했습니다.

그런데 마지막 백일째 되는 날, 폭설이 내렸습니다. 물론 거리에는 차들도 잘 다니지 않았습니다. 겨우 봉천동까지 가는 버스를 탈 수 있었으나, 도저히 산길을 올라갈 수가 없었습니다. 대여섯 걸음 올라가면 서너 걸음 미끄러져 내렸고, 눈 속을 구르기도 여러 번 하였습니다.

주위의 나뭇가지를 잡고 한발 한발 어렵게 나아가는데도 암자에는 언제 도착할지 아득하기만 했습니다. 그때 젊은 스님 한 분이 나타나 손을 내밀었습니다.

"힘이 드시지요? 제가 도와드리겠습니다."

손을 잡으며 얼굴을 보니, 낯설은 스님인데 나이는 20대 후반 정도 되어 보였습니다. 그녀의 손을 잡은 스님은 눈 덮인 산길을 평지처럼 걸어갔고, 곧 1Km 밖에 있는 암자에 도착했습니다. 너무나 고마웠던 그녀는 깊이 고개 숙여 인사를 했습니다.

"스님, 정말 감사합니다."

그런데 고개를 들어보니 스님의 모습이 보이지 않았습니다. '참 이상하다' 생각하면서 법당으로 들어간 그녀는 부처님 전에 백일기도 마지막 1천배를 올리고 내려왔습니다.

버스 타는 곳에 이르러, 집에서 너무 늦는 것을 걱정하고 있을 동생에게 공중전화를 걸자, 동생이 다급하게 소리쳤습니다.

"언니, 빨리 와, 빨리!"

"왜? 애가 죽었니?"

"아니야, 어쨌든 빨리 와."

순간 그녀는 아이가 죽었다는 생각이 들어 모든 것을 단념하였습니다. 그리고 12시 가까이 되어 집에 도착하였는데, 그곳에 기적이 있었습니다.

"엄마!"

어제까지만 하여도 사경死境을 헤매던 아들이 뛰쳐나와 목에 매달리는 것이었습니다. 그녀는 하염없이 눈물을 흘리며 끊임없이 염했습니다.

"부처님, 감사합니다. 감사합니다….."

다음날 아들을 병원에 데리고 갔더니 의사는 도저히 이해할 수 없다는 듯이 말했습니다.

"기적입니다. 병의 그림자도 없습니다."

ॐ

이 봉천동 보살처럼, 누구든지 정성껏 기도하면 반드시 소원을 성취하고 행복을 이룰 수 있습니다. 밥을 많이 먹으면 누구나 배가 부르듯, '나'도 정성껏 하면 기도 성취를 할 수 있습니다. 봉천동 보살이 기도성취를 보았듯이, 나도 소원을 이룰 수 있습니다.

특별한 사항에 처하였다면 특별한 노력을 기울여서 기도하면 됩니다. 그냥 하면 되는데 그냥 안 할 뿐입니다. 하기만 하면 됩니다. 힘이 들면 이를 악 물고 주먹을 꽉 쥐면서 정성껏 기도할 뿐입니다.

마냥 할 뿐, 처음부터 특별한 기대를 걸고 달려들
지 마십시오. 기대가 기도성취를 가로막습니다.

'요만큼 기도하면 이만큼 돌아오겠지.'

나의 일방적인 욕심으로 미리 계산을 해놓고 잔뜩
기대하면서 행하는 기도는 기도인을 자칫 그릇된 길
로 몰고 갑니다.

'부처님이 영험스럽지 못해. 불교는 아무것도 아
니야.'

기대 속에서 기도를 하는 사람은 이렇게 쉽게 무너
집니다. 그러므로 기도성취의 시기도 기대하지 말고,
장소도 기대하지 말고, 정성껏 원을 세우며 기도하십
시오.

백일기도를 해서 되지 않으면 '정성이 부족했는가
보다' 생각하고 다시 백일기도를 하십시오. 때가 되
면 성취는 스스로 다가옵니다. 정성이 무르익으면 스
스로 정한 때보다 빨리 이루어질 수도 있습니다.

부처님의 법은 너무나 크고 넓어서, 그 법에 의지
하면 바라는 것을 다 이룰 수 있습니다. 해탈을 바라
고 부지런히 공부하면 해탈의 도가 이루어지고, 한평

생 행복하기를 바라면 행복이 찾아들고, 병 낫기를 바라면 쾌차함을 얻고, 아들딸 바로잡기를 기도하면 아들딸이 바른 길로 옵니다.

다만 처음부터 요행을 바라고 기대심리로 기도하지는 마십시오. 우리가 일방적으로 때를 정하지 않고 정성껏 기도하면 분명히 바라는 것이 이루어집니다. 반찬이 있건 없건 매일매일 밥을 먹듯이 꾸준히 정성 들여 기도를 행하면 꼭 원대로 되고 행복 속에 머물게 됩니다.

만약 우리가 부처님께 정성을 다해 기도하였는데도 행복의 가피를 내리지 않았다면, 부처님을 향해 삿대질을 하고 고함을 쳐도 좋습니다. 원망을 하여도 좋고 몽둥이를 들고 달려들어도 좋습니다.

"부처님, 도대체 나에게 해준 것이 무엇이오?"

부처님을 노려보며 이렇게 소리쳐도 좋습니다. 그러나 대부분의 불자들은 이렇게 부처님을 몰아세울 자신이 없을 것입니다. 부처님을 몰아세울 만큼 지극 정성으로 기도하였다면 부처님을 마음껏 욕하고 불교를 버려도 좋습니다.

하지만 정성껏 하지 않았다면 지금부터라도 다시 마음을 가다듬고 기도하십시오. 하루 30분이라도 좋습니다. 꾸준히 정성껏 하십시오.

다시 말하지만, 정성껏 한다는 것은 기도 중의 어려움이나 게으른 생각과 타협하지 않고 마음을 하나로 모아간다는 것입니다.

기도는 한 만큼 성취된다

사실 기도를 하다보면 회의가 많이 일어납니다. '될까?' 싶기도 하고 '그만 할까?' 싶기도 합니다.

그럼 기도성취나 기도과정에 대해 회의가 일어날 때는 어떻게 해야 하는가? 그때 취해야 할 자세와 기도 끝에 열리는 행복에 대해 함께 살펴봅시다.

먼저 옛이야기 하나를 들려드리겠습니다.

고려시대 최고의 고승 중에 한 분인 대각국사大覺國師 의천義天 스님은 1055년 9월에 고려 제 11대 문종文

宗 임금의 넷째 아들로 태어났습니다.

그러나 왕자는 태어나는 순간부터 울기 시작하여 울음을 그칠 줄 몰랐습니다. 젖을 먹여도 울고 얼러도 울고, 갖은 애를 써도 울음을 그치지 않았습니다. 어의御醫를 시켜 진찰토록 하였지만, '건강에는 아무런 이상이 없다'는 대답뿐이었습니다. 왕자의 탄생을 기뻐하기도 전에 왕실은 근심에 휩싸였고, 특히 문종과 왕비의 답답함은 극에 달했습니다.

그런데 한가지 이상한 점이 있었습니다. 멀리서 은은히 들려오는 목어木魚 소리를 듣기만 하면 왕자가 울음을 뚝 그치는 것이었습니다.

"어떤 인연이 있는 것이 틀림없다. 저 목어 소리가 나는 곳을 찾아보도록 하라."

이윽고 어명을 받은 관리는 목어 소리가 들려오는 서쪽을 향해 길을 떠났고, 서해 바닷가에 이르게 되자 배를 타고 계속 서쪽으로 나아가 중국 항주杭州의 경호鏡湖에 이르렀습니다. 목탁소리는 그 호숫가에 있는 절의 법당에서 흘러나오고 있었습니다.

관리는 목어를 치며 염불하고 있는 스님께 찾아온

까닭을 말하고, 고려로 함께 가서 왕자의 병을 고쳐
주기를 청하였습니다. 흔쾌히 허락한 스님은 고려로
와서 왕자를 만났습니다. 그러나 왕자는 울음을 그치
지 않았습니다.

이윽고 왕자를 물끄러미 내려다보고 있던 스님이
두 손을 모으고 절을 하자, 왕자는 울음을 뚝 그치고
방긋방긋 웃기까지 하는 것이었습니다. 문종은 스님
에게 치하했습니다.

"스님, 정말 감사합니다. 그런데 아직 한 가지 걱정
이 더 남았습니다. 왕자가 태어난 뒤부터 지금까지
왼손을 펴지 않고 있습니다. 억지로 펴 보기도 하였
으나 도무지 펼 재간이 없습니다."

"소승이 한번 펴보겠습니다."

스님이 살며시 왕자의 왼손을 잡고 몇 번을 쓰다듬
자 손을 활짝 펼쳤고, 그 손바닥에는 '불무령佛無靈'
이라는 세 글자가 또렷이 새겨져 있는 것이었습니다.
그 글자를 보자마자 중국에서 온 승려는 왕자 앞에
엎드려 흐느껴 울면서 소리쳤습니다.

"스님, 우리 스님! 여기서 다시 뵙게 될 줄은 꿈에

도 몰랐습니다."

그리고는 의아해하는 문종 임금을 돌아보며 말했습니다.

"참으로 기이한 인연입니다. 저의 스승님께서 환생하여 왕자님이 되셨으니…."

"그것이 무슨 말씀이오?"

"저에게는 존경하고 따르던 은사스님이 계셨습니다. 그분은 본래 가마를 메고 다니던 가마꾼이었습니다. 그런데 워낙 검소하여 번 돈의 일부만 쓰고, 나머지는 우물에 던져 넣어 저축을 했습니다. 몇십 년이 지나 우물이 돈으로 가득 채워지자 경호 호숫가에 절을 짓고 스님이 되었는데, 덕이 높고 불심이 아주 깊어 주위 사람들의 존경을 한 몸에 받았으며, 저도 그분을 흠모하여 제자가 되었던 것입니다.

그런데 정말 알 수 없는 일이 잇달아 일어났습니다. 은사스님은 절을 짓고 목어를 두드리며 염불정진만 하였는데, 이상하게도 돌아가시기 3년 전에 앉은뱅이가 되었고, 2년 전에는 귀머거리와 벙어리가 되었으며, 1년 전에는 장님이 되어버렸습니다. 그러더니 지난해에 벼락을 맞고 돌아가셨습니다. 그때 저는 너무나 기가 막혔습니다.

'불심 깊고 염불정진 열심히 하신 스승님을 이토록 허무하게 돌아가시게 하다니! 부처님의 영험은 없는 것인가?

"저는 허무한 마음을 가눌 길이 없어 은사스님의 왼쪽 손바닥에 佛無靈(불무령)이라는 글씨를 새긴 다음 장례를 치렀습니다."

스님은 눈물을 흘리며 말을 이었습니다.

"그 후에도 저는 은사스님에 대한 안타까운 마음을 지울 길이 없어, 날마다 그분이 생전에 쓰시던 목어를 두드리며 명복을 빌고 있었습니다. 그런데 은사스님이 바다 건너 고려 땅에서 왕자의 몸으로 환생하셨으니…. 이제야 부처님의 참뜻을 알 것만 같습니다."

사연을 들은 문종은 몹시 감탄하며 말했습니다.

"불무령이 아니라 불유령佛有靈이구려. 그 스님이 갖가지 어려움을 한꺼번에 받을 수 있었던 것이야말로 부처님의 영험이 아니겠소? 삼생三生 또는 사생에 걸쳐서 받아야 할 죗값을 3년 만에 모두 받았으니 말이오. 이제 모든 죄업을 씻고 왕자로 새롭게 태어났으니, 틀림없이 이 세상을 위해 큰일을 하게 될 것이오."

문종의 예언대로 왕자는 출가하여 남달리 불도를 닦았고, 마침내 천태종天台宗을 세워 고려에 새로운 불교를 꽃피웠습니다.

§

만약 죽은 그 스님이 한 생은 앉은뱅이로, 두 번째 생은 벙어리와 귀머거리로, 세 번째 생은 장님으로, 네 번째 생은 벼락을 맞아 죽게 되었다면 어떻게 불도를 올바로 닦을 수 있었겠습니까?

그런데 그 업들을 죽기 3년 전에 모두 받았습니다. 삼생을 장애인으로 살아야 할 것을 한 생을 마감하는 늙은 나이에 다 받아버리고, 그 다음 생에 고려국의 왕자로 태어나 국사에까지 이르렀으니, 이와 같은 복이 또 어디에 있겠습니까?

그러므로 기도를 하다가 가끔씩 꼬이거나 막히는 경우가 생길지라도 실망을 할 일이 아닙니다. 뒤집어 생각하면 꼬이고 막히는 것이 '업 녹는 소식'인 것입니다. 『금강경』에서 부처님께서는 설하셨습니다.

"기도를 하다가 남에게 업신여김을 당하거나 괄세를 받거나 푸대접을 받는 사람이 있다. 이 사람은 전생의 죄업으로 삼악도에 떨어질 것이나, 기도한 공덕 덕분에 업신여김과 괄세를 당하는 정도로 전생의 죄업을 녹이고 있는 것이다."

얼마나 희망적인 말씀입니까? 지금의 장애는 그야말로 업이 녹는 소식입니다. 그것도 크게 받을 것을 아주 작게 받으면서….

진실한 말씀만 하는 부처님께서 어찌 우리를 속이겠습니까? 기도는 한 만큼 성취됩니다. 반드시 한 만큼 성취됩니다. 아니, 불보살님의 가피가 더하여져서 성취됩니다.

부디 기도의 공덕을 철저히 믿고, 풀리지 않거나 장애가 있는 그때를 기회로 삼아 더욱 열심히 정진해야 합니다.

절·염불·독경·사경·다라니 염송 등의 방법 중 하나를 택해 열심히 기도하십시오. 장애와 막힘, 괄세·비난·푸대접을 받는 지금이 허물과 죄업이 자꾸 녹아 없어져 가는 순간임을 생각하면서 더욱 열심히 기도를 해보십시오.

언젠가는 보고 듣는 모든 것이 아름답고 거룩하고 즐거운, 완전한 행복의 날이 반드시 찾아오게 되어 있습니다. 불행과 슬픔에 대응하는 상대적인 행복과 기쁨이 아니라, 온통 기쁨이요 행복 그 자체인 법희삼매法喜三昧를 누릴 수 있게 됩니다.

'우리' 라고 하여 이와 같은 행복의 경지를 이루지 못할 까닭이 없습니다. 우리도 부지런히 하면 반드시 절대적인 행복을 영위할 수 있습니다. 기도의 시작이 욕심에서 출발하였건 기대에서 출발하였건, 부지런히 해나가다 보면 어느 순간에 의식意識의 상태를 뛰어넘으면서 무한 행복의 경지를 체험하게 됩니다.

부디 부지런히 기도하십시오. 초기에는 부지런히 하는 것 외에 다른 방법이 없습니다. 망상이 일어나도 하고 어거지로라도 해야 합니다. 그렇게 매일매일

부지런히 몰아쳐 가다 보면 기도의 길이 잡힙니다. 차츰 내 몸에 자리가 잡히고 내 마음에 자리가 잡혀 삼매를 이루게 됩니다.

그리고 이러한 때에 이르면 행복의 문이 활짝 열려서, 기쁘고 즐겁고 거룩한 일들만 가득하게 됩니다.

부디 정성스런 마음으로 기도하십시오. 누구든지 됩니다. 고통이 있고 갈등이 있고 진정으로 바라는 바가 있으면 기도하십시오. 기도를 통하여 틀림없이 행복과 자유와 영원한 생명력을 얻게 될 것입니다.

부처님 잘 모시기

이제 불자들이 복을 닦고 복을 짓고 복을 유지하는 가장 좋은 방법 하나를 이야기하면서 마무리를 짓겠습니다. 무엇이 가장 좋은 방법일까요?

복을 닦고 복을 쌓는 가장 좋은 방법은 부처님 잘 받들면서 기도하며 사는 것입니다. 어떠한 불행도 운명도 부처님의 복력과 가피 아래에서는 힘을 쓸 수가 없습니다. 반드시 불행은 행복으로 바뀌게 되고, 고

난은 해탈로 탈바꿈하게 됩니다.

그러하니 기도하는 삶을 버리지 마십시오. 하루에 금강경 한 편을 읽거나, 천수경 한 편 쓰기, 반야심경 세 편 쓰기 등 길지 않은 기도 생활을 꾸준히 이어가면 그 공덕이 분명히 나타납니다.

하루에 백팔 배를 드리거나 천수다라니 21편 외우기, 정 어려우면 가족을 향한 삼배의 절만이라도 꾸준히 행하여 보십시오. 나는 물론이요 가정에 복이 쌓입니다. 지혜의 눈이 뜨이고 향상된 삶을 '나'의 것으로 만들 수 있습니다. 모름지기 부처님 잘 받들면서 기도하고 닦아가면 반드시 복덕이 가득한 나를 만들 수 있습니다.

나의 마음으로 복을 털고 행동으로 복을 털고 입으로 복을 터는 생활을 하고 있지는 않은지를 냉정하게 살피면서, 참회할 것은 참회하고 베풀 것은 베풀고 닦을 것은 닦으며 살아간다면, 평생토록 세세생생토록 복덕을 누리며 살 수 있게 된다는 것을 꼭 유념하시기 바랍니다.

부처님 잘 모시고 축원과 함께하는 각종 보시와 불

사, 그리고 기도, 이것이 바로 행복의 주춧돌입니다.
부디 주위의 분들을 위해 보시하고 축원하고 기도하
면서, 기쁨과 보람과 행복을 찾으시기를 두 손 모아
축원드리고 또 축원드립니다.

　모두가 행복해지기를!

　모두가 평화로워지기를!

　모두에게 영광이 가득하기를!

　나무마하반야바라밀.

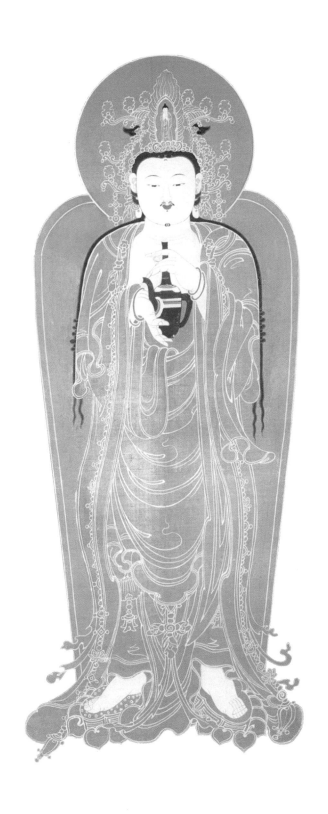

불자의 행복 찾기

초 판 1쇄 펴낸날 2016년 11월 10일
　　　　5쇄 펴낸날 2022년 9월 30일

지은이 우룡스님
펴낸이 김연지
엮은이 김현준
펴낸곳 효림출판사

등록일 1992년 1월 13일 (제2-1305호)
주 소 서울시 서초구 반포대로14길 30, 907호 (서초동, 센츄리 I)
전 화 (02) 582~6612 · 587~6612
팩 스 (02) 586~9078
이메일 hyorim@nate.com

값 6,500 원

ⓒ 효림출판사. 2016
ISBN 979-11-87508-05-2 03220